Fokus Deutsch
BEGINNING GERMAN 1
Workbook and Laboratory Manual

Fokus Deutsch
BEGINNING GERMAN 1
Workbook and Laboratory Manual

Rosemary Delia
Mills College

Daniela Dosch Fritz

Anke Finger
Texas A&M University

Stephen L. Newton
University of California, Berkeley

Lida Daves-Schneider
Chino Valley (CA) Unified School District

Karl Schneider
Chino Valley (CA) Unified School District

Chief Academic and Series Developer
Robert Di Donato
Miami University

Boston   Burr Ridge, IL   Dubuque, IA   Madison, WI   New York   San Francisco   St. Louis
Bangkok   Bogotá   Caracas   Lisbon   London   Madrid
Mexico City   Milan   New Delhi   Seoul   Singapore   Sydney   Taipei   Toronto

McGraw-Hill Higher Education

A Division of The **McGraw-Hill** *Companies*

This is an  book.

Fokus Deutsch, Beginning German 1
Workbook and Laboratory Manual

 This book is printed on recycled, acid free paper containing a minimum of 50% total recycled fiber with 10% post-consumer de-inked fiber.

5 6 7 8 9 0 QPD QPD 9 0 9 8 7 6 5 4 3

ISBN 0-07-027600-5

Compositor: York Graphic Services, Inc.
Typeface: Palatino
Printer: Quebecor Printing, Dubuque
Illustrations were created by Anica Gibson and George Ulrich.
Electronic art was created by Lori Heckelman and Teresa Roberts.

Grateful acknowledgment is made for use of the following material: Page 2 Sunil, Deutsche Unilever; *2* Deutschpost AG; *2* Holiday Park, DB—Katalog Schulfahrten + Jugendgruppenreisen 1999; *2* Flughafen Leipzig/Halle; *36* Robinson GmbH; *39* Müller's Brillenstudio; *59* Deutschpost AG; *65 Rheinische Post; 66* Ratiopharm Arzneimittel, Ulm; *81* Fleurop GmbH; *97* Deutsche Krankenversicherung AG; *117* Hotel Globus; *118* Verlag der Tagesspiegel, Berlin; *120* Switzerland Tourism/Weber, Model, Schmid, Zurich; *124* Liechtensteinische Fremdenverkehrszentrale, FL—9490 Vaduz; *126* Austrian National Tourist Office, Vienna; *134* Hotel zur alten; *142* Text: Jürgen Hagel; *149* Austrian National Tourist Office, Vienna; *152* Art—Concerts GmbH; *158 Die Woche; 169* © Wilhelm Heyne Verlag, Munich; *176* Burg Gymnasium; *177* "Eva: die grosse Angst in der Schule und die kleinen Freuden danach" by Mirjam Pressler from *Bitterschokolade* (Munich: Langenscheidt, 1992); *192–193* "Gedichte lesen" and "Eine Stunde" by Erich Fried from *Es ist was es ist: Liebesgedichte, Angstgedichte, Zorngedichte* (Berlin: Wagenbach Verlag, 1983); *202* Bundesverband Deutscher Omnibusunternehmer e.V.; *215* Weimar, Stiftung Weimarer Klassik/AKG London

http://www.mhhe.com

CONTENTS

PREFACE

Welcome to the *Workbook and Laboratory Manual* that accompanies **Fokus Deutsch: Beginning German 1.** Each chapter of the *Workbook and Laboratory Manual* is based on the corresponding chapter of the textbook, so that you may practice and review on your own what you are learning in class.

INTEGRATED LISTENING AND WRITING ACTIVITIES

Because your different senses and skills (listening, speaking, reading, writing) reinforce one another, listening and writing activities for each point in the text are integrated in the *Workbook and Laboratory Manual.*

Listening activities, which may have written or oral responses, are coordinated with the Audio Program (Cassettes or CDs). You can use the Audio Program at home or at your school's language laboratory. Audio activities are marked with a headphone symbol .

If you wish, you can purchase your own copy of the Audio Program on cassettes or CDs at your campus bookstore, or by calling 1-800-338-3987 and asking for item number 0-07-027603-X (cassettes) or 0-07-023349-0 (CDs).

Remember, it is best to listen to audio activities more than once: it will help you acquire German more quickly.

Written activities include an interesting mix of multiple choice, matching, fill-in, and open-ended questions that give you lots of opportunity to practice your vocabulary, grammar, and reading and writing skills. Many include pictures that will help you know how to respond. The written activities in each section move you gradually from simple to more complex activities.

Reading activities are marked with an open book symbol .

Writing activities are marked with a pen symbol .

PARALLEL ORGANIZATION

The structure of the preliminary chapter (*Einführung*) of the *Workbook and Laboratory Manual* parallels that of the *Einführung* in your textbook. Chapters 1–12 are also organized similarly to the textbook, as follows:

Videothek helps you practice your listening and speaking skills as you review the content of the video episode.

Vokabeln gives you plenty of practice with the thematic vocabulary presented in the two vocabulary sections in the textbook.

Strukturen presents a variety of activities on each grammar point covered in the corresponding section of the textbook. As in all other sections, you have an opportunity to practice orally as well as in writing.

Aussprache is a pronunciation section. This section of the *Workbook and Laboratory Manual*, in conjunction with the Audio Program, presents focused information and practice of German pronunciation, with tips and reminders in English.

Einblicke integrates chapter vocabulary and grammar while expanding on the cultural information in your textbook. Activities are based on listening passages and authentic texts and other materials from the contemporary German-language press. This section keeps you up-to-date on everyday life around the German-speaking world.

Perspektiven also integrates chapter vocabulary and grammar as you practice your skills in listening, reading, and writing in their cultural contexts.

· *Hör mal zu!* is an extended listening comprehension activity that expands on the listening activity in the textbook chapter.
· *Lies mal!* provides practice in reading comprehension based on texts that are mostly taken from authentic German-language publications.
· *Schreib mal!* provides comprehensive, guided practice in writing sentences and paragraphs in German for practical purposes. It is often based on the reading topic or the topic in the *Einblicke* section.

After every third chapter there is a review chapter called a *Wiederholung*. This, too, parallels the organization of the textbook. Each *Wiederholung* in the *Workbook and Laboratory Manual* is organized as follows:

Videothek reviews the content of the three video episodes you have already watched while allowing you to further practice your listening and speaking skills.

Vokabeln integrates practice of all the vocabulary you have learned throughout the previous three chapters.

Strukturen integrates practice of all the grammar you have learned throughout the previous three chapters.

The *Wiederholung* chapters give you an opportunity to check your skills and make sure you are ready to move on to the next chapter.

ANSWERS

Answers to oral activities are given in the Audio Program—you will hear a verification of the correct response after you give your answer out loud. Answers for Audio Program activities that have written responses appear in the Answer Key at the back of the *Workbook and Laboratory Manual* with answers to many of the other written activities. No answers are provided for activities requiring personalized responses.

ACKNOWLEDGMENTS

Many people have contributed to the publication of this book and deserve our grateful appreciation for their creative ideas and long hours of dedicated work: Nora Agbayani, Tracy Bartholomew, Karen W. Black, Claudia Bohner, Roger Coulombe, Sara Daniel, Marie Deer, Lori Diaz, Thalia Dorwick, Nikolaus Euba, Florence Fong, Leslie Hines, Paul Listen, Francis Owens, Peggy Potter, Diane Renda, Stacey Sawyer, Beate Schröter, Arden Smith, Louis Swaim, David Sweet, Gregory Trauth, Sharla Volkersz, Anja Voth, and Beatrice Wikander.

Wer — Who? Nominative doer, subject ~~ der

Wen — Whom? Direct receiver, direct object ~~ den

Was — Thing

Wann... Zeit - When? Adverbial

Wie — How?

Wieviel — How much?

Wie viele — How many?

Wo — Where

Warum. Why?

Name _John Proulx_

Datum _Fall 2003_

Klasse _Bernard Freitag_

EINFÜHRUNG

DAS ALPHABET UND DIE AUSSPRACHE

A. Das ABC-Gedicht. Du hörst nun ein ABC-Gedicht. Sprich in jeder Pause nach, was du hörst. Sprich am Schluss das ganze Gedicht mit. (HINT: *You will hear an alphabet poem. Repeat the letters and phrases in each pause. The last time through, repeat the entire poem along with the speaker.*)

a	b	c	d	e		Der Kopf tut mir weh,
f	g	h	i	j	k	der Doktor ist da,
l	m	n	o			jetzt bin ich froh,
p	q	r	s	t		es ist wieder gut, juchhe,
u	v	w	x			jetzt fehlt mir nix,
y	z					jetzt geh ich ins Bett.

B. Wie heißen sie? Schreibe die deutschen Namen, die buchstabiert werden. (HINT: *What are their names? Write the German names that you will hear spelled.*)

Du hörst: J wie Jürgen

Du schreibst: J

Du hörst: O

Du schreibst: O

1. _Johann_ Sebastian 2. _Bach_

3. _Sigmund_ 4. _Freud_

5. _Steffi_ Graf

6. Martin _Heidegger_

7. Rosa _Luxemburg_

C. Wörter, die du kennst. Ordne die folgenden zehn Wörter in das deutsche Kreuzworträtsel. (HINT: *You may already know several German words. Write the German equivalents of these English expressions in the crossword puzzle. When you're done you'll find the name of a car company, reading down the boxes.*)

verboten
Kindergarten
Angst   Blitz
Gemütlichkeit
wunderbar
Fahrvergnügen
Rucksack
Zeitgeist
Gesundheit

1. *fun with driving* ___ ___ ___ ___ □ ___ ___ ___ ___ ___ ___
2. *not allowed* ___ ___ ___ ___ □ ___ ___ ___
3. *flash* ___ □ ___ ___ ___
4. *place for children* □ ___ ___ ___ ___ ___ ___ ___ ___ ___ ___
5. *backpack* ___ ___ ___ ___ □ ___ ___ ___
6. *wonderful* □ ___ ___ ___ ___ ___ ___ ___
7. *fear* □ ___ ___ ___
8. *coziness* □ ___ ___ ___ ___ ___ ___ ___ ___ ___ ___ ___
9. *spirit of the age* ___ □ ___ ___ ___ ___ ___ ___
10. *health* ___ ___ ___ ___ □ ___ ___ ___ ___
11. Wie heißt die Firma? V ___ ___ ___ ___ ___ ___ ___

D. Werbung. In der deutschen Werbung sieht man oft englische Wörter. Schau dir die Werbung an und suche die englische Übersetzung der deutschen Wörter. (HINT: *English words often appear in German advertising. Look at the ads and find the English translations of the following German expressions.*)

1. für Musik _____

2. zitrusfrisch _____

3. der freie Weg _____

4. der Freizeitpark _____

5. die Flughafeninformation _____

WILLKOMMEN IM DEUTSCHKURS!

A. Willkommen im Deutschkurs. Du hörst Begrüßungen und Verabschiedungen. Beantworte den Gruß in der Pause. (HINT: *You will hear greetings and farewells. Reply to the greetings in the pauses.*)

Du hörst: Guten Tag!
Du siehst: . . . , Frau Koch!
Du sagst: Guten Tag, Frau Koch!
Du hörst: Guten Tag, Frau Koch!

1. . . . , Frau Endermann! *Guten Morgen*
2. . . . , Herr Braun! *Guten Tag*
3. . . . , Herr Kaiser! *Hallo!*
4. . . . , Lorenz! *Auf Wiedersehen*
5. . . . , Claudia! *Tschüss.*

B. Schreib mal. Jetzt hörst du die Begrüßungen und Verabschiedungen noch einmal. Vervollständige die Sätze. (HINT: *Now listen to the complete conversations again, and write in the missing greetings and farewells below.*)

1. _____*Guten Morgen*_____, Frau Endermann!
2. _____*Guten Tag*_____, Herr Braun!
3. _____*Hallo!*_____, Herr Kaiser!
4. _____*Auf Wiedersehen*_____, Lorenz!
5. _____*Tschüss*_____, Claudia!

C. Was machst du? Deine Lehrerin sagt . . . Was machst du oder sagst du? Kreuze die richtige Handlung an. (HINT: *Your teacher says . . . What do you do or say in response? Check the box for the appropriate action.*)

1. a. ☐ Ich sage: Auf Wiedersehen.
   b. ☑ Ich mache das Buch auf.
   c. ☐ Ich mache das Buch zu.

2. a. ☐ Ich sage: Willkommen!
   b. ☐ Ich spreche allein.
   c. ☑ Wir sprechen alle zusammen.

3. a. ☑ Ich spreche Deutsch.
   b. ☐ Ich spreche Englisch.
   c. ☐ Ich sage: Guten Morgen!

4. a. ☐ Ich sage: Guten Tag!
   b. ☑ Ich sage: Auf Wiedersehen!
   c. ☐ Ich mache das Buch auf.

IM KLASSENZIMMER

A. Das Klassenzimmer. Ein Student beschreibt das Klassenzimmer. Umkreise die Wörter, die du hörst. (HINT: *A student is describing the classroom. Circle the words you hear.*)

das Buch	der Kugelschreiber	der Stuhl	die Tafel
das Fenster	der Overheadprojektor	der Tisch	die Tür
das Heft	der Schüler	die Kreide	die Uhr
das Papier	der Schwamm	die Lehrerin	die Wand
der Bleistift			

B. Stimmt das oder stimmt das nicht? Schau dir das Bild an und beantworte die Frage wie im Beispiel. (HINT: *Right or wrong? Look at the picture and answer the question according to the example.*)

Du siehst:

Du hörst: Ist das der Tisch?
Du sagst: Nein, das ist der Stuhl.
Du hörst: Nein, das ist der Stuhl.

1.   2.   3.   4.   5.

C. Was ist das? Schau dir das Bild an und schreibe die Antwort wie im Beispiel. (HINT: *What is it? Look at the picture and write what it is according to the example.*)

MODELL: → Das ist die Kreide.

1.   2.   3.

_____

_____

4.   5.

_____

_____

DIE KARDINALZAHLEN

 A. Wir zählen. Wiederhole die Zahlen in den Pausen. (HINT: *Repeat the numbers in the pauses provided.*)

0–10	11–20	21–30	10–100	100–1000
null				
eins	elf	einundzwanzig	zehn	hundert
zwei	zwölf	zweiundzwanzig	zwanzig	zweihundert
drei	dreizehn	dreiundzwanzig	dreißig	dreihundert
vier	vierzehn	vierundzwanzig	vierzig	vierhundert
fünf	fünfzehn	fünfundzwanzig	fünfzig	fünfhundert
sechs	sechzehn	sechsundzwanzig	sechzig	sechshundert
sieben	siebzehn	siebenundzwanzig	siebzig	siebenhundert
acht	achtzehn	achtundzwanzig	achtzig	achthundert
neun	neunzehn	neunundzwanzig	neunzig	neunhundert
zehn	zwanzig	dreißig	hundert	tausend

B. Telefonnummern. Du hörst einige Telefonnummern. Schreib sie auf. Du hörst jede Nummer zweimal. (HINT: *You will hear several phone numbers. Write them down. You will hear each number twice.*)

Du hörst: Heikes Telefonnummer ist drei fünf, acht null, neun sieben. Also noch mal:
            drei fünf, acht null, neun sieben.
Du schreibst: 35 80 97.

1.

2.

3.

Jetzt antwortest du auf die Fragen mit der Telefonnummer. (HINT: *Now listen to the questions and answer with the phone numbers in the pauses provided.*)

Du hörst: Wie ist die Telefonnummer von Heike?
Du sagst: Die Nummer ist drei fünf, acht null, neun sieben.
Du hörst: Die Nummer ist drei fünf, acht null, neun sieben.

C. Mathematik. Du hörst einige Rechenaufgaben. Löse sie! (HINT: *You will hear several subtraction and addition problems. Answer them in the pauses provided.*)

Du hörst: Wie viel ist eins plus eins?
Du sagst: Eins plus eins ist zwei.
Du hörst: Eins plus eins ist zwei.

   1. . . .   2. . . .   3. . . .   4. . . .   5. . . .

D. Was ist die Nummer? Schreibe die Nummer in Zahlen. (HINT: *What is the number? Write the number in digits.*)

1. dreiundvierzig _____

2. hundertdrei _____

3. siebenhundertsechzehn _____

4. siebzehnhundertsechsundsiebzig _____

DIE WOCHENTAGE

A. Der unvollständige Kalender. Ergänze die Wochentage! (HINT: *Complete the weekdays in the calendar.*)

3. August	M o n tag
4. August	D i e n s t a g
5. August	M i t t w o c h
6. August	D o n n er s t a g
7. August	F r e i t a g
8. August	S a m s t a g
9. August	S o n n t a g

 B. Welcher Tag ist das? Jetzt hörst du ein Datum. Schau dir den Kalender an und sag, welcher Wochentag das ist. (HINT: *What day is it? Now you will hear a date. Look at the calendar in Activity A and say the corresponding day of the week.*)

Du siehst: 9. August
Du hörst: 9. August
Du sagst: Sonntag.
Du hörst: Sonntag.

1. 5. August
2. 7. August
3. 3. August
4. 6. August
5. 8. August
6. 4. August

UHRZEIT
· ·

A. Wie spät ist es? Freunde und Passanten fragen dich nach der Uhrzeit. Sag ihnen, wie spät es ist. (HINT: *What time is it? Friends and passers-by ask you for the time. Tell them what time it is.*)

Du hörst: Wie spät ist es?
Du sagst: Es ist zwei Uhr zehn.
Du hörst: Zwei Uhr zehn. Vielen Dank.

1. Es ist eins Uhr zwanzig

2. Es ist sechs Uhr fünfundvierzig

3. Es ist acht Uhr fünfzehn

4. Es ist halb zehn

5. Es ist sieben Uhr dreissig.

6. Es ist drei Uhr zwoelf.

7. Es ist zehn for elf.

8. Es ist fünf Uhr vierzig.

1.
2.
3.
4.
5.
6.
7.
8.

B. Wie viel Uhr ist es? Jetzt fragst du nach der Uhrzeit. Hör zu und schreib die Antwort. (HINT: *What time is it? Now you are asking the time. Listen and write the answer.*)

Du fragst: Wie viel Uhr ist es?
Du hörst: Es ist Viertel vor acht.
Du schreibst: 7.45

1. E_____
2. _____
3. _____
4. _____
5. _____
6. _____

WO SPRICHT MAN DEUTSCH?

Wer spricht Deutsch? Wo spricht man Deutsch? Wo ist Deutsch die offizielle Sprache? Wo sprechen viele Menschen Deutsch? (HINT: *Who speaks German? Where is German spoken? You will hear the names of the countries indicated on the map below. As you hear the country's name, point to it. Then you will hear information about countries in which German is spoken. Label each country with OL (official language) if German is the official language and MP (many people) if it is spoken as a native language by many people in that country.*)

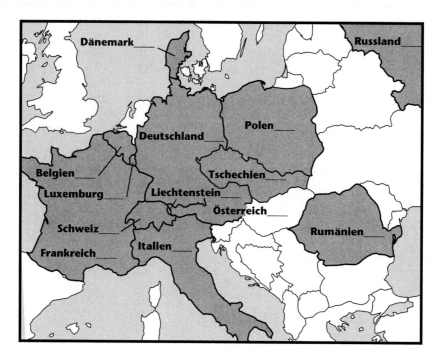

ARBEITSLOS

VIDEOTHEK

• •

A. Was antworten diese Leute? Hör genau zu und ergänze die Antworten. Du hörst die Gespräche zweimal. (HINT: *How do these people answer? Listen carefully and write down the answers. You will hear the conversations twice.*)

1. MARION: Hi.

   RÜDIGER: _____

2. RÜDIGER: Tag, Herr Koslowski.

   HEINZ: _____

3. PROFESSOR: Hallo, Marion! Schön, Sie wieder zu sehen.

   MARION: _____

4. MARION: Hallo, Professor!

   PROFESSOR: _____

5. MARION: Guten Tag!

   PROFESSOR: _____

6. MARION: Wie geht es Ihnen?

   PROFESSOR: _____

   MARION: Das ist schön.

a. Guten Tag, Herr Professor.
b. Guten Tag.
c. Hallo.
d. Hi.
e. Mir geht es gut. Danke.
f. Tag, Rüdiger.

B. Wer sagt das? Schreibe auf, wer was sagt. Ist das Vera, Heinz, Marion oder Lars? (HINT: *Write down who says what: Vera, Heinz, Marion, or Lars.*)

1. _____ Na, geh'n wir lieber zu Fuß! Is' ja auch viel gesünder.

2. _____ Na, wie war's?

3. _____ Nichts! „Für eine Vermittlung sind Sie zu alt."

4. _____ Wir schaffen das schon! Du und ich!

5. _____ Ist Marion noch nicht zurück?

6. _____ Ich weiß, wo die ist. Die hab' ich mit Rüdiger am Sportplatz gesehen.

7. _____ Wegziehen. Wegziehen!

8. _____ Das ist doch nicht dein Ernst?

VOKABELN

A. Stimmt das oder stimmt das nicht? Judith beschreibt ihre Familie. Hör zu und markiere JA oder NEIN. (HINT: *Right or wrong? Listen as Judith describes her family, and mark yes [JA] or no [NEIN].*)

		JA	NEIN
1.	Mein Vater ist Jens.	☐	☑
2.	Mein Vater ist fünfundsechzig Jahre alt.	☐	☐
3.	Meine Mutter Dorothee ist vierundsechzig Jahre alt.	☐	☐
4.	Ich habe vier Geschwister.	☐	☐
5.	Ulrike ist verheiratet.	☐	☐
6.	Ulrike und Klaus-Peter haben vier Kinder.	☐	☐
7.	Jens ist dreiunddreißig Jahre alt.	☐	☐
8.	Konstanze und Peter haben fünf Kinder.	☐	☐
9.	Falk ist mein Bruder.	☐	☐

B. Wer ist wer? Jetzt hörst du Judith noch einmal. Welches Wort passt? (HINT: *Who's who? Now you will hear Judith again. Use the words below to finish these sentences about her family.*)

Bruder
Eltem
Geschwister
Frau
Schwestern
Vater
Tochter

1. Judith ist Dorothees und Ulrichs ___Tochter___.
2. Ulrike und Konstanze sind Judiths ___Schwestern___.
3. Judiths ___Bruder___ ist Jens.
4. Ulrike, Konstanze, Jens und Judith sind ___Geschwister___.
5. Dorothee und Ulrich sind Judiths ___Eltern___. Dorothee ist Ulrichs ___Frau___.
6. Judiths ___Vater___ ist Ulrich.

C. Judiths Familie. Jetzt hörst du mehr darüber, wie die Familienmitglieder von Judith miteinander verwandt sind. Antworte wie im Beispiel. (HINT: *Now you will hear more about how Judith's family members are related. Respond as in the example below.*)

Du hörst: Judith ist Dorothee und Ulrichs Tochter.
Du siehst: Dorothee und Ulrich: Judith
Du sagst: Dorothee und Ulrich sind Judiths Eltern.
Du hörst: Ja, Dorothee und Ulrich sind Judiths Eltern.

1. Judith, Ulrike und Konstanze: Ulrich   sind Ulrichs Kinder.
2. Judith: Jens
3. Jens: Dorothee
4. Judith: Rebecca
5. Judith: Ulrike und Konstanze
6. Ulrich: Dorothee

D. So ist das nicht. Finde das Gegenteil. (HINT: *Complete the sentences with the opposite adjectives and adverbs.*)

1. Heinz Koslowski ist nicht angestellt. Er ist _____arbeitlos_____.

2. Lars ist nicht groß. Er ist _____klein_____.

3. Marion ist nicht glücklich. Sie ist _____unglücklich_____.

4. Vera ist nicht faul. Sie ist _____fleissig_____.

5. Rüdiger ist nicht alt. Er ist _____jung_____.

E. Wer ist wie? Lies den Brief und umkreise die Eigenschaften der Personen. (HINT: *What are these people like? Read Christiane's letter describing her new friends, and circle the appropriate adjectives for each person.*)

> Liebe Mutti,
>
> ich wohne jetzt in Berlin. Hier habe ich schon viele nette Menschen kennen gelernt. Am liebsten mag ich Majid. Er kommt aus dem Iran, und er ist sehr schön. Ich finde ihn auch interessant. Marina ist meine Freundin. Sie kommt aus Ungarn. Sie ist sympathisch und lustig. Marina erzählt immer romantische Geschichten. Mein Freund Oliver ist ruhig und nett. Leider ist er gerade krank.
>
> Viele Grüße,
>
> deine Christiane

faul

böse   glücklich

sympathisch   MARINA   krank

romantisch   lustig

nett   böse

                              arbeitslos   groß

                    traurig   MAJID   interessant

                         schön   lustig

krank   ruhig

gesund   lustig

uninteressant   OLIVER   nett

     schön   romantisch

          ruhig

F. Drei Generationen. Beschreibe die Generationen in Sätzen. (HINT: *Describe the people in the family portrait in whole sentences.*)

MODELL: Christian/Jürgen →
Christian ist der Sohn von Jürgen.

Jürgen

1. Jürgen/Paul _Jürgen ist der Grossvater von Paul._

2. Christian/Paul _Christian ist der Vater von Paul._

Christian

3. Paul/Jürgen _Paul ist der Enkel von Jürgen._

4. Jürgen/Christian _Jürgen ist der Vater von Christian._

Paul

5. Paul/Christian _Paul ist der Sohn von Christian._

G. Ich bin . . . Beschreibe dich und deine Familie. Benutze dazu Adjektive und Adverbien. (HINT: *Describe yourself and your family in four sentences each. Use adjectives and adverbs. If you prefer, you can choose other family members to describe than those listed here.*)

1. Ich bin _____.

2. _____

3. _____

4. _____

5. Meine Schwester/Mein Bruder _____.

6. _____

7. _____

8. _____

9. Meine Großmutter/Mein Großvater _____.

10. _____

11. _____

12. _____

13. Mein Vater/Meine Mutter _____.

14. _____

15. _____

16. _____

STRUKTUREN

· ·

A. Beschreibungen. Dein Bruder sitzt neben dir und kann deine Telefongespräche nicht verstehen. Wiederhole die Informationen, um ihn zu beruhigen. (HINT: *Your brother wants to know what people are telling you on the telephone. Repeat the information that you hear so he won't be so frustrated.*)

      Daniela   Jürgen   Ali

Du hörst: Ich heiße Daniela. Ich bin 23 Jahre alt.
Du siehst: Daniela / 23 Jahre alt
Du sagst: Sie heißt Daniela. Sie ist 23 Jahre alt.
Du hörst: Sie heißt Daniela. Sie ist 23 Jahre alt.

    1. ruhig und sympathisch
    2. Jürgen / ziemlich neugierig
    3. jung und romantisch
    4. Ali / glücklich
    5. lustig

Jetzt hör noch mal genauer hin, was am Telefon gesagt wird. Frag nach, um sicher zu sein, dass du die Informationen verstehst. (HINT: *Now turn your attention back to the telephone. Make sure of the information you're being given by asking for confirmation. Follow the example below.*)

Du hörst: Wir heißen Ali und Sulamin.
Du siehst: ihr: Ali und Sulamin?
Du fragst: Ihr heißt Ali und Sulamin?
Du hörst: Ihr heißt Ali und Sulamin?
               Ja, wir heißen Ali und Sulamin.

    6. ihr: glücklich in Berlin?
    7. du: 23 Jahre alt?
    8. du: Jürgen?
    9. du: ruhig und sympathisch?

B. Daniela, Jürgen und Ali. Jetzt hörst du mehr von Daniela, Jürgen und Ali. Ergänze die fehlenden Wörter. Du hörst jede Beschreibung zweimal. (HINT: *Now you will hear Daniela, Jürgen, and Ali talking about themselves some more. Fill in the blanks with the missing words. You will hear each passage twice.*)

1. Ich _____heisse_____[1] Daniela. Ich bin 23 Jahre alt und ich komme aus Neckargemünd, das _____[2] bei Heidelberg. Ich _____bin_____[3] ruhig und sympathisch. Meine Eltern _____heissen_____[4] Katrin und Horst. Mein Vater ist bei einer großen Firma _____.[5]

2. Hallo, ich _____[6] Jürgen. Ich komme aus Jena und ich bin 18 Jahre alt. Ich bin ziemlich _____,[7] manchmal bin ich auch böse. Meine Freundin heißt Petra und sie ist sehr _____.[8] Ihre Tante _____[9] Bärbel und ist sehr lustig.

3. Ich _____[10] Ali. Sulamin ist meine _____,[11] und wir wohnen in Berlin. Mein Vater _____[12] Zafer. Meine Eltern _____[13] aus der Türkei. In der Türkei habe ich eine _____[14] Familie. Bei meinen Großeltern ist es immer interessant und nie _____.[15]

C. Wichtige Fragen. Beantworte die Fragen mit **heißen** oder **sein**. (HINT: *Answer the questions you hear using the verbs **heißen** and **sein**.*)

1. . . .   2. . . .   3. . . .   4. . . .   5. . . .   6. . . .   7. . . .

D. Im Klassenzimmer. Du hörst, welche Dinge es in einem Klassenzimmer gibt. Schreib auf, welche Artikel du hörst und welche Personalpronomen dazu passen. (HINT: *You will hear a list of several items that can be found in a classroom. Write down the definite articles you hear and the pronoun that corresponds to the article*).

Du hörst: der Bleistift
Du schreibst: der   er

ARTIKEL	PRONOMEN
1. _____	_____
2. _____	_____
3. _____	_____
4. _____	_____
5. _____	_____
6. _____	_____

E. Die Artikel-Körbe. Schreibe die Nomen in die passenden Artikel-Körbe. (HINT: *Write the nouns in the basket with the matching article.*)

Bleistift
Bruder
Buch
Fahrrad
Fenster
Kind
Kugelschreiber
Mutter
Schwester
Student
Studentin
Stuhl
Tafel
Tisch
Vater

der

Stuhl Bleistift
Bruder
Tisch Kugelschreiber
Vater Student

die

Mutter
Schwester
Studentin
Tafel

das

Buch
Fenster
Kind
Fahrrad

F. Und der Plural? Ergänze die Lücken mit dem Plural. (HINT: *Fill in the blanks with the plural forms of the nouns you see here.*)

1. Juliane hat ein großes Haus. Sven und Nadine haben auch große ____Haüser____.

2. Jens hat ein altes Radio. Lena und Erkan haben laute ____Radios____.

3. Michael hat eine interessante Lampe. Marion hat zwei ____Lampen____.

4. Lars hat einen Stuhl. Familie Koslowski hat achtzehn ____Stühle____.

5. Lars ist ein Freund von Jens. Lars und Jens sind ____Freunde____.

G. Ali. Ergänze die Pronomen. Die unterstrichenen Wörter helfen dir. (HINT: *Fill in the missing pronouns. They refer to the underlined nouns.*)

Ali will ein neues <u>Radio</u>. Aber ___es___ [1] ist sehr teuer. <u>Ali</u> kommt aus Berlin. ___Er___ [2] hat dort viele

<u>Freunde</u>. ___Sie___ [3] sind lustig und nett. <u>Alis Mutter</u> ist bei einer großen Firma angestellt. ___Sie___ [4]

arbeitet jeden Tag. <u>Alis Vater</u> ist arbeitslos. ___Er___ [5] sagt zu Ali: „<u>Deine Mutter und ich</u>, ___wir___ [6]

sind nicht sehr reich. Aber ___wir___ [7] sind glücklich. <u>Ali</u>, bist ___du___ [8] auch glücklich?" Ali sagt: „Ja,

denn <u>du und Mama</u>, ___ihr___ [9] seid freundlich und nett."

H. Sechs Personen. Bilde Sätze aus den Wörtern in der Tabelle. (HINT: *Write sentences based on the information in the chart below.*)

MODELL:	ich	Paulin	freundlich

Ich heiße Paulin, und ich bin freundlich.

1.	ich	Joachim	nett
2.	du	Maria	interessant
3.	er	Gernot	neugierig
4.	wir	Babsi und Steffi	gesund
5.	ihr	Corinna und Alex	fleißig
6.	sie	Herr und Frau Ulten	lustig

1. Ich heisse Joachim, und ich bin nett.
2. Du heisst Maria, und du bist interessant.
3. Er heisst Gernot, und er ist neugierig.
4. Wir heissen Babsi und Steffi, wir sind gesund
5. Ihr heisst Corinna und Alex, ihr seid fleissig
6. Sie heissen Herr und Frau Ulten, sie sind lustig

AUSSPRACHE

• •

The Vowels *a*, *e*, and *i*

German has both long and short vowel sounds.

 A. The Vowel *a*

Long **a.**

Listen and repeat.

> Name
> sagen
> haben
> Abend
> Vater
> Zahlen
> Aachen
> Aal

Short *a*. This vowel is similar in sound quality to the long **a** but much shorter.

Listen and repeat.

> Stadt
> Land
> alt
> Halle
> wann
> was
> das
> man

Listen to the following contrasts and repeat. Contrast: long **a** / short **a.**

> Ahne/Anne
> Gram/Gramm
> Schal/Schall
> Bahn/Bann
> Staat/Stadt
> Wahn/wann
> fahl/Fall
> Wahl/Wall
> Aal/All

Satzbeispiele. Listen to the following sentences and circle all the long **a** sounds. You will hear each sentence twice.

1. Mein Name ist Anton.

2. Guten Abend, Marion.

3. Wandern in Aachen macht Spaß.

Now listen to the sentences again and repeat them in the pauses provided.

B. The Vowel *e*

Long *e*. To pronounce the long **e**, the lips should be open and drawn back. Hold the jaw in place to avoid a glide.

Listen and repeat.

> Leben
> Egon
> Peter
> gehen
> zehn
> See
> Beet
> den

Short *e*. With the short **e**, you will notice a difference in sound quality from the long **e**.

Listen and repeat.

> Eltern
> jetzt
> Geld
> elf
> Mensch
> Essen
> Wetter
> gesellig

Listen to the following contrasts and repeat. Contrast: long **e** / short **e**.

> beten/Betten
> Kehle/kennen
> Met/Mett
> legt/leckt
> Tee/Teller
> Hefe/Hefte

Satzbeispiele. Listen to the following sentences and circle all the long **e** sounds. You will hear each sentence twice.

1. Erika findet das Essen gut.

2. Herr Lehmann geht Tee trinken.

3. Das Wetter in Eberbach ist heute schlecht.

Now listen to the sentences again and repeat them in the pauses provided.

C. The Vowel *i*

Long *i*. This sound is similar to the English long *e*, but it is pronounced without the off-glide.

Listen and repeat.

Kino
Ida
prima — (super)
ihn
die
sieben
sie
spielen

Short *i*. The short **i** is pronounced like the English short *i*.

Listen and repeat.

Film
finden
Winter
Kinder
bitte
Zimmer
in
im

Listen to the following contrasts and repeat. Contrast: long **i** / short **i**.

bieten/bitten
Miete/Mitte
Stiel/still
ihm/im
schief/Schiff
wir/wirr
Miene/Minne
Biest/bist
Bienen/binnen

Satzbeispiele. Listen to the following sentences and circle all the short **i** sounds. You will hear each sentence twice.

1. „Himmel über Berlin" ist ein Film von Wim Wenders.

2. Ich bin aus Finnland.

3. Die Kinder spielen im Zimmer.

Now listen to the sentences again and repeat them in the pauses provided.

EINBLICKE

 A. Hör zu und sprich nach! (HINT: *Listen as the following regions in Germany are pronounced. Repeat in the pause provided.*)

das Erzgebirge   Bayern
der Schwarzwald   das Ruhrgebiet
Rügen

 B. Wo ist das? (HINT: *The regions listed here correspond to the numbers on the map. Listen to some information about these regions. Write in the appropriate numbers in the spaces below.*)

_____ das Erzgebirge

_____ der Schwarzwald

_____ Rügen

_____ Bayern

_____ das Ruhrgebiet

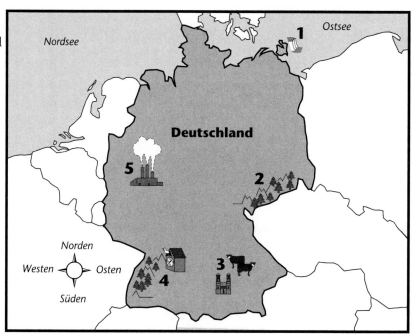

 C. Wofür ist diese Region bekannt? (HINT: *Listen to the information about the regions again. Check off what is important for each region. Some regions will have more than one answer.*)

1. Rügen

   a. ____ Landwirtschaft

   b. ____ Touristik

   c. ____ Kreidefelsen (*chalk cliffs*)

2. Bayern

   a. ____ Landwirtschaft

   b. ____ Kreidefelsen

   c. ____ Oktoberfest

3. das Erzgebirge

   a. ____ Touristik

   b. ____ Weihnachtsdekorationen (*Christmas decorations*)

   c. ____ Landwirtschaft (*agriculture*)

4. das Ruhrgebiet

   a. ____ Weihnachtsdekorationen

   b. ____ Touristik

   c. ____ Industrie

5. der Schwarzwald

   a. ____ Touristik

   b. ____ Industrie

   c. ____ Kuckucksuhren

Name _____ Datum _____ Klasse _____

D. Informationssilhouetten. Lies die Texte in den Silhouetten und fülle die Tabelle aus. (HINT: *Read the texts in the silhouettes and complete the table below.*)

ich heiße martina hingis und bin 18 jahre alt. ich bin 1,62 meter groß. ich wohne in trubbach in der schweiz und bin tennisprofi. meine freunde finden mich nett, freundlich und fleißig. tennis spiele ich in europa, amerika, australien und asien.

mein name ist hans zimmer, und ich bin 41 jahre alt. ich habe eine frau und zwei kinder. ich komme aus frankfurt in deutschland. ich bin komponist für filmmusik. für die musik zu „könig der löwen" habe ich einen oskar bekommen. meine freunde finden mich sympathisch und fleißig.

	Martina Hingis	Hans Zimmer
Alter		
Größe		
Beruf		
kommt aus		
Eigenschaften		

PERSPEKTIVEN

Hör mal zu!

 A. Janine Rehfeldt. Ergänze die Sätze. (HINT: *Listen to the text and complete the passage with the missing words.*)

> Schülerin   eine
> ich   bin
> Tochter
> Name   Stuttgart
> wohne   aus   Berlin

1. _____ [1] bin Janine Rehfeldt aus _____.[2] Ich bin _____.[3]

   Berlin ist _____ [4] große Stadt.

2. Gerd Schneider hier _____ [5] Kaiserslautern. Ich arbeite bei Opel, einer

   _____ firma[6] von General Motors.

3. Mein _____ [7] ist Jörg Dobmeier, und ich _____ [8] in Stuttgart. Ich

   _____ [9] Dozent an der Musikhochschule hier. In _____ [10] gibt es viel

   Industrie.

Lies mal!

LERNE EINEN CHATTER KENNEN!

Read what a young woman says about herself on her web page.

Nickname: tiger
Bürgerlicher Name: Marlene Hepach
Geburtstag: 15.05.1982
Wohnort: Berlin
Hobbys: Fechten, reiten, lesen, chatten, meine Schwestern ärgern, meine Lehrer nerven
Lieblingstiere: Pferde, Katzen
Lieblingsfilme und -serien: Star Wars (alle Filme), Harry und Sally, Der Club der toten Dichter, J.A.G., Picket Fences, Lois & Clark, B5, die Simpsons, The Cape und manchmal noch ST-DS9
Lieblingsbücher: Star Wars Bücher (bes. die X-Wing Bücher), Tanja-Kinkel-Bücher
Lieblingssongs: Der Fifty-Fifty Mix Superoldies und das Beste von heute (na, welcher Radiosender hat diesen Werbespruch?)
Charakteristische Aussprüche: Das glaubst du doch selbst nicht!; Aber sicher!; Finger weg!; Ich lache; Is' nich' wahr; Blödsinn!!!; Das kannst du ja nicht mal buchstabie-ren!
Und ganz zuletzt:
Leute, die ich grüssen möchte: Mino 333 (aka Blob), Katja, Dirk, Daniel und meine Mutti, Ines.

Wortschatz zur Webseite

fechten	*to fence*	Ich lache	*Don't make me laugh* [*lit. I laugh*]
ärgern	*to annoy*	Is' nich' wahr	
der Werbespruch	*advertising slogan*	[= Das ist nicht wahr]	*That's not true*
glauben	*to believe*	buchstabie-ren	
Aber sicher!	*Of course!*	[= buchstabieren]	*to spell*

B. Rate mal! (HINT: *Take a guess. Remember that good language learners take chances and make logical guesses. There are words on this Web page you don't know, but you can guess many of them. Think about categories of information you have seen on other personal Web pages. Scan through the text of the Web page first, then try to determine the following information.*)

1. This chatter's nickname is tiger. What is her given name? _____

2. How old is she? _____

   When is her birthday? _____

   What comes first in German, the month or the day? _____

3. Where does she live? _____

4. Tiger has several hobbies.

   Which German word means *to ride* (*horses*)? _____

   Which word means *to read*? _____

   Whom does she like to annoy? _____

5. „Liebling-" begins the next four categories.

   What do you think this prefix means? _____

   What do the four categories mean? _____

   _____

6. In the category **Lieblingstiere,** tiger mentions two animals.

   What is the German word for *cats*? _____

   What is the word for *horses*? _____

7. Have you seen any of the movies or television programs tiger likes? Which ones? Do you like these too? What can you guess about German cinema and television?

   _____

   _____

8. What do you think **charakteristische Aussprüche** means? _____

9. At the end tiger says hello to several people.

   Which person do you think is a fellow chatter? _____

   Which family member does she greet? _____

   What is this person's name? _____

Schreib mal!

C. Wie ist es richtig? Welche Antworten passen zu den Fragen? (HINT: *How does it go? Which answers go with which questions?*)

1. ____ Wie heißt du?
2. ____ Wie alt bist du?
3. ____ Wo wohnst du?
4. ____ Wie ist deine Telefonnummer?
5. ____ Was ist deine Hausnummer?

a. Meine Hausnummer ist. . . .
b. Ich wohne in. . . .
c. Meine Telefonnummer ist. . . .
d. Ich heiße. . . .
e. Ich bin . . . Jahre alt.

D. Und du? Beantworte die Fragen in **C** oben mit deinen eigenen Angaben. (HINT: *What about you? Answer the questions in C above with personal information.*)

1. _____
2. _____
3. _____
4. _____
5. _____

E. Informationssilhouetten. Schau die Informationssilhouetten unter Einblicke noch einmal an. Male eine Silhouette für dich selbst. (HINT: *Look at the silhouettes in the **Einblicke** section of this chapter and create a similar one for yourself: sketch your outline, doing something typical for you, and inside it describe yourself in German as Martina and Hans have done.*)

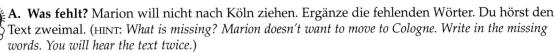

KEIN GELD

VIDEOTHEK

A. Was fehlt? Marion will nicht nach Köln ziehen. Ergänze die fehlenden Wörter. Du hörst den Text zweimal. (HINT: *What is missing? Marion doesn't want to move to Cologne. Write in the missing words. You will hear the text twice.*)

arbeitslos   Ich   Rüdiger
du   Ist   wir
es   Papa

VERA: Marion, _____¹ hast doch noch gar nichts gegessen.

MARION: Ich hab' keinen Hunger.

VERA: _____² es wegen _____³?

MARION: Ich geh' nicht von ihm weg! . . . _____⁴ kann doch nicht so kurz vor dem Abi die

Schule wechseln!

VERA: Aber Marion, _____⁵ ist doch noch gar nichts entschieden. . . . _____⁶ ist

jetzt seit über einem halben Jahr _____⁷. . . . Irgendwas müssen _____⁸

doch machen.

B. Marions Freundin Pia. Pia erzählt von sich und ihrer Familie. Nummeriere die Sätze in der richtigen Reihenfolge. (HINT: *Marion's friend Pia talks about herself and her family. Number the statements in the order in which you hear them.*)

1 Hallo, ich heiße Pia.

Wir machen alle das Abitur.

Er ist Friseur.

Mein Vater, Günther, ist nicht arbeitslos.

Tja, ich muss gehen.

Ich bin Marions Freundin.

Tschüss!

Mein Freund heißt Ali.

Wir gehen in die gleiche Schule.

Marion hat einen Freund, Rüdiger.

© 2000 WGBH Educational Foundation and CPB

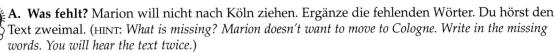

VOKABELN

• •

A. Farben. Welche Farbe ist typisch? Nenne die typische Farbe. (HINT: *What color is typical? Say what the typical color is for each object.*)

Du siehst: die Kreide
Du hörst: die Kreide
Du sagst: Die Kreide ist weiß.
Du hörst: Die Kreide ist weiß.

1. das Papier
2. die Butter
3. der Kaffee
4. das Gras
5. die Rose

B. Stimmt das oder stimmt das nicht? Jörg erzählt von seinen Schulfreunden. Hör zu und kreuze an. (HINT: *Right or wrong? Listen as Jörg talks about his classmates. Mark the statements yes [JA] or no [NEIN].*)

		JA	NEIN
1.	Jens hat eine dunkelgrüne Hose.	☐	☐
2.	Claudias Haare sind braun.	☐	☐
3.	Peters Augen sind grün.	☐	☐
4.	Florians Hemd ist hellgrau.	☐	☐
5.	Christianes Schuhe sind orange.	☐	☐

C. Was machen diese Leute? Hör zu und kombiniere die Satzteile. Du hörst jeden Satz zweimal. (HINT: *What are these people doing on the days indicated? Listen, and combine the sentence parts by marking the appropriate letter in the blank. You will hear each sentence twice.*)

1. Ramona ____
2. Gerald ____
3. Angela ____
4. Anne ____
5. Andrea und Thomas ____

a. spielt Fußball.
b. schwimmt.
c. gehen spazieren.
d. wandert.
e. geht ins Theater.

D. Du hörst drei Wörter. Welches Wort passt am besten in den Satz? (HINT: *You will hear three words. Choose the one that best completes the sentence and say the complete sentence aloud.*)

Du siehst: Mein Großvater ist . . .
Du hörst: billig   teuer   super
Du sagst: Mein Großvater ist super.
Du hörst: Mein Großvater ist super.

1. Der Bleistift ist . . .
2. Für Lars ist klassische Musik . . .
3. Marion findet Rüdiger . . .
4. Ein Overheadprojektor ist ziemlich . . .
5. Lars findet Computerspielen . . .

E. Farbenlehre. Welche Farben entstehen? Ergänze die Lücken. (HINT: *Which colors do you get when you mix them? Fill in the blanks.*)

MODELL: schwarz + weiß = grau

1. rot + blau = _____ *lila* _____
2. weiß + ___ *rot* ___ = rosa
3. ___ *blau* ___ + gelb = grün
4. blau + weiß = ___ *hellblau* ___
5. ___ *weiss* ___ + grün = hellgrün
6. rot + gelb = ___ *orange* ___

F. Welche Farbe? Welche Farbe assoziierst du mit diesen Wörtern? (HINT: *Which color is "angry"? Which colors do you associate with these words? There are no right or wrong answers, but compare your answers with your classmates'.*)

MODELL: alt → grau

1. böse ___ *rot* ___
2. super ___ *gelb* ___
3. einfach ___ *weiss* ___
4. langweilig ___ *grau* ___
5. teuer ___ *rot* ___

G. Familie Koslowski. Was machen die Koslowskis gern in ihrer Freizeit? (HINT: *What does the Koslowski family like to do in their free time? Write sentences with **gern**.*)

1. Marion

2. Herr Koslowski

3. Frau Koslowski

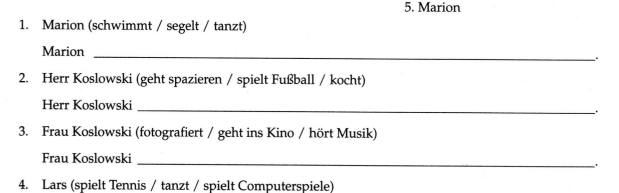

4. Lars

5. Marion

1. Marion (schwimmt / segelt / tanzt)

   Marion _____.

2. Herr Koslowski (geht spazieren / spielt Fußball / kocht)

   Herr Koslowski _____.

3. Frau Koslowski (fotografiert / geht ins Kino / hört Musik)

   Frau Koslowski _____.

4. Lars (spielt Tennis / tanzt / spielt Computerspiele)

   Lars _____.

5. Marion (spielt Karten / wandert / schaut Fußball im Fernsehen)

   Marion _____.

 H. Und du? Was machst du gern in deiner Freizeit? Schreib eine Liste. (HINT: *What do you like to do in your free time? Write a list.*)

MODELL: Ich spiele gern Tennis.

1. _____

2. _____

3. _____

4. _____

5. _____

6. _____

STRUKTUREN

· ·

 A. Marion kommt zu spät. Hör dir den Text an und ergänze die Lücken. (HINT: *Listen to the text and fill in the blanks with verbs from the list.*)

> hat   bist   sagt   ist
> gehen
> kommst   sind   geht

Marion und Rüdiger _____ ¹ spazieren. Marion kommt zu spät nach

Hause, denn sie _____ ² keine Uhr. Lars, Heinz und Vera

_____ ³ in der Küche und spielen Karten. Herr Koslowski sagt zu Marion:

„Warum _____ ⁴ du nicht pünktlich? Ich koche und du

____*bist*_____ ⁵ nicht zu Hause." Marion ist sauer und

____*geht*_____ ⁶ auf ihr Zimmer. Später _____*sagt*_____ ⁷ Marion

zu ihren Eltern: „Es tut mir leid. Meine Uhr _____*ist*_____ ⁸ kaputt."

 B. Was machen diese Leute in ihrer Freizeit? Du hörst, was Marions Freunde in ihrer Freizeit machen. Sag, was sie machen. (HINT: *Listen to how Marion's friends spend their free time. Say what they do.*)

Du siehst: Sabine
Du hörst: Ich gehe ins Kino.
Du sagst: Sabine geht ins Kino.
Du hörst: Sabine geht ins Kino.

1. Sabine
2. Sven
3. Henning und Markus
4. Magalie
5. Markus
6. Carola
7. Sven und Sabine

C. Das Leben in Rheinhausen. Du hörst einen Satz und dann ein Personalpronomen. Bilde einen neuen Satz mit dem Personalpronomen. (HINT: *You will hear a sentence, then a personal pronoun. Make a new sentence using the pronoun and the correct verb form.*)

Du hörst: Marion kommt nach Hause / ich
Du sagst: Ich komme nach Hause.
Du hörst: Ich komme nach Hause.

1. . . .   2. . . .   3. . . .   4. . . .   5. . . .   6. . . .

D. Juttas Familie. Jutta beschreibt ihre Familie. Hör zu und ergänze, was sie über die Familie sagt. (HINT: *Jutta is describing her family. Write in the verbs.*)

1.   Meine Mutter Gertrud _____ auf einem Stuhl.

2.   Meine Schwester Eva _____ zur Tür herein.

3.   Mein Vater _____ im Bett.

4.   Jost, mein Mann, _____ E-Mails am Computer.

5.   Mein Sohn Niels _____ neue Schuhe.

E. Nominativ und Akkusativ. Markiere in jedem Satz das Subjekt und das direkte Objekt. (HINT: *In each sentence, mark the nominative case with S [for subject] and the accusative case with DO [for direct object].*)

MODELL: Die Studentin hat einen Bruder.
                  S   DO

1.   Die Schüler machen das Abitur.
        S   DO

2.   Wir machen eine Pause.
    S   DO

3.   Rüdiger braucht einen CD-Spieler.
      S   DO

4.   Frau Lehmann schreibt einen Brief.
      S   DO

5.   Habt ihr einen Hund?
    S   DO

F. Freizeitbeschäftigungen. Ergänze die Lücken mit den richtigen Verbformen. (HINT: *Choose the best verb and fill in the blanks with the correct form.*)

1. Marion und Rüdiger _____ gern. (tanze, tanzt, tanzen)

2. Frau Koslowski _____ gern Briefe. (schreiben, schreibt, schreibst)

3. _____ du gern Fußball, Vera? (Spiele, Spielst, Spielt)

4. Nein, ich _____ lieber Musik. (hört, hören, höre)

5. _____ ihr ins Kino, Mutti und Papa? (Geht, Gehst, Gehe)

6. Nein, wir _____ ins Theater. (gehe, geht, gehen)

G. Welche Verbform passt? Marions Freundin erzählt. Ergänze die Lücken mit einem passenden Verb und achte dabei auch auf die Verbform. (HINT: *Which verb fits? One of Marion's friends tells about her family. Fill in the blanks with a suitable verb from the list below, and pay attention to the correct verb endings.*)

arbeiten — *work*
machen — *do*
schwimmen — *swim*
hören — *hear*
spielen — *play*
haben — *have*
gehen — *go*
studieren — *study*
sein — *be*
wohnen — *live*

Meine Eltern __wohnen__¹ schon lange in Rheinhausen. Hier __haben__²

wir unsere Verwandten und Freunde. Ich __gehe__³ hier auf die Schule. Bald

__mache__⁴ ich das Abitur. Mein Vater __arbeitet__⁵ als Lehrer an der

Grundschule und meine Mutter __studiert__⁶ Psychologie an der Universität. In ihrer

Freizeit __hören__⁷ sie gerne Musik und __spielen__⁸ Tennis. Marion und

ich __schwimmen (gehen)__⁹ oft im Rheinhausener Schwimmbad. Und Marion sagt immer zu mir:

„Du __bist__¹⁰ meine beste Freundin."

H. Am Freitagabend. Was machst du gerne am Freitagabend? (HINT: *Write three sentences telling the three things you like doing most on Friday evenings.*)

MODELL: Ich spiele Gitarre.

1. _____

2. _____

3. _____

I. Was man hat und was man braucht. Ergänze die Sätze mit **haben** und **brauchen** und den zwei direkten Objekten. (HINT: *Complete the sentences using* ***haben*** *and* ***brauchen*** *and the two direct objects indicated. Be sure to write the correct forms of the verbs and direct objects!*)

der Bleistift	der Lehrer	der Stuhl
das Buch	die Lehrerin	die Tafel
der Freund	der Overheadprojektor	der Tisch
die Freundin	der Schüler	das Wörterbuch
das Heft	die Schülerin	die Uhr

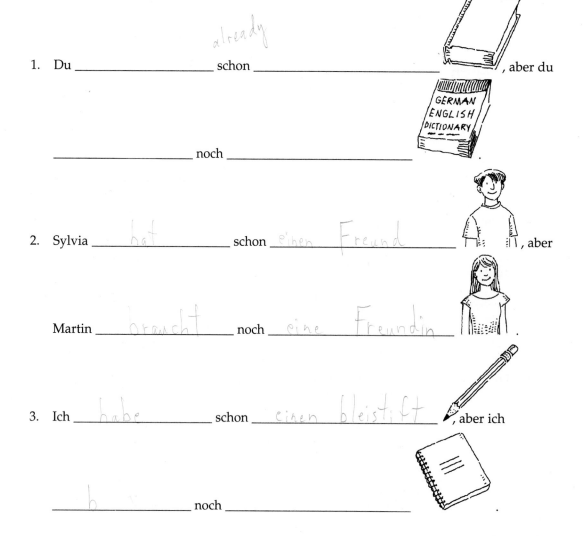

MODELL: Die Lehrerin **hat** schon **eine Schülerin**,

aber sie **braucht** noch **einen Schüler**.

already

1.   Du _____ schon _____, aber du

_____ noch _____.

2.   Sylvia _____hat_____ schon ___einen   Freund___, aber

Martin ___braucht___ noch ___eine   Freundin___.

3.   Ich ___habe___ schon ___einen   bleistift___, aber ich

___b___ noch _____.

4. Ihr _____ im Klassenzimmer schon _____ ,

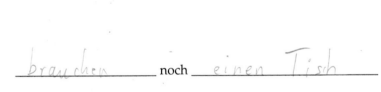

aber ihr _____ noch _____ .

5. Wir ____*haben*____ schon ____*einen Stuhl*____ , aber wir

____*brauchen*____ noch ____*einen Tisch*____ .

6. Die Schulen (*The schools*) ____*Sie haben*____ schon ____*einen Lehrer*____ ,

aber sie _____ noch ____*eine*____ .

7. Herr Professor, haben Sie schon _____ ?

AUSSPRACHE

The Vowels *o* and *u*

 A. The Vowel *o*

Long *o*. When you pronounce a long **o**, be sure to round your lips and keep them close together. Don't relax your jaw; this may result in a glide that is the mark of a North American accent.

Listen and repeat.

> Sohn
> Zoo
> rot
> Boot
> groß
> wo

Short *o*. The short **o** is not only shorter in length, it also has a sound quality different from the long **o** since the lips have to be somewhat more relaxed and open.

Listen and repeat.

> kommen
> kochen
> Woche
> orange
> toll
> Bonn

Listen to the following words with long **o** and short **o** and repeat.

> tot/toll
> Sohn/Sonne
> wohnen/Woche
> Ofen/offen

Satzbeispiele. Listen to the following sentences and circle the long **o** sounds. You will hear each sentence twice.

1. Lothar hat ein großes Auto.

2. Morgen kommt Frau Lohengrin.

3. Die roten Rosen kommen aus Polen.

Now listen to the sentences again and repeat them in the pauses provided.

© 2000 WGBH Educational Foundation and CPB

B. The Vowel *u*

Long *u*. To pronounce the long **u,** the lips must be rounded even more than when pronouncing the long **o.**

Listen and repeat.

Bruder	ruhig	gut
Uhr	Buch	Fußball

Note that **u** cannot be doubled.

Short *u*. The lips are a little more relaxed and open when pronouncing the short **u,** resulting in a sound quality slightly different from the long **u.**

Listen and repeat.

Mutter	Nummer	null
und	jung	kurz

Listen to the following words with long **u** and short **u** and repeat.

Buch/Butter	Uhr/und	Mut/Mutter	Kuh/kurz

Satzbeispiele. Listen to the following sentences and circle the short **u** sounds. You will hear each sentence twice.

1. Meine Mutter ist sehr ruhig.

2. Marion ist klug, nicht dumm.

3. Alles Gute zum Geburtstag.

Now listen to the sentences again and repeat them in the pauses provided.

ZUSAMMENFASSUNG
Für alle kurzen und langen Vokale

Vowels are long when

· followed by a single consonant: **Leben, Bruder, groß**
· followed by an **h: ruhig, wohnen, ihn**
· doubled: **See, Zoo**

Note that

· **h** between two vowels is not really pronounced: **Schuhe, sehen**
· **i** followed by an *e* is always long: **die, spielen**
· **u** and **i** cannot be doubled, except in compound words

Vowels are short when

· followed by two or more consonants: **Land, Gott, oft, lassen**
· followed by one consonant in short words: **bin, es, das**

EINBLICKE

A. Stefan in der Schule. Du hörst, was Stefan jeden Tag in der Schule macht. Beantworte die Fragen. (HINT: *You hear what Stefan does every day at school. As you hear about his day, answer the questions by circling the letter of the correct answer.*)

1. Wann beginnt die Schule?

    a. um 7.30   b. um 7.50   c. um 8.10

2. Was hat Stefan zuerst?

    a. Deutsch   b. Geschichte   c. Mathematik

3. Was hat Stefan um 12 Uhr?

    a. Biologie   b. Pause   c. Englisch

4. Warum ist das sein Lieblingsfach?

    a. Der Lehrer ist interessant.
    b. Der Lehrer ist Amerikaner.
    c. Er hat zwei Stunden Biologie.

5. Wann ist Stefan wieder zu Hause?

    a. um 1.30   b. um 1.45   c. um 2.00

6. Was macht er dann?

    a. Er macht die Hausarbeiten.   b. Er geht schwimmen.

B. Der Robinson Club Scuol Palace. Lies den Text und ergänze die Sätze. (HINT: *Read the text and complete the sentences by writing the missing information.*)

1. Das Clubgrundstück ist _____

    Quadratmeter groß.

2. Es liegt _____ Meter über dem

    Meeresspiegel.

3. Es liegt in einem _____ .

4. Es ist _____ Kilometer von Sankt

    Moritz und _____ Kilometer von

    Davos entfernt.

**Der Robinson Club
Scuol Palace**

Standort:
18 700 qm Clubgrundstück,
1200 m ü. d. M., inmitten
eines Parks am Inn
gelegen, 60 km von St. Moritz,
40 km von Davos entfernt.

Sport und Fitness:
Aerobic, Bergwandern,
Biken, Billard, Canyoning,
Gleitschirmfliegen, Golf,
Gymnastik, Jogging,
Schwimmen, Tennis,
Tishtennis, Wellness,
Wildwasserfahren.

Einrichtungen:
Robin-Store, Diskothek,
Hallenbad mit Whirlpool,
Theater, Massage, Sauna.

Preis inklusive Event:
ab 854 Mark

Buchungsschlüssel: BAC 69063
Buchungstips
auf Seite 31

C. Drinnen oder draußen? Lies den Text in der Aktivität B noch einmal. Mach drei Listen, eine Liste für Aktivitäten „drinnen", eine Liste für Aktivitäten „draußen" und eine Liste für Aktivitäten, die man drinnen oder draußen machen kann. (HINT: *Indoors or outdoors? Sort the sport and fitness activities from the ad in Activity B into three categories, one for "indoors," one for "outdoors," and one for things that can be done either indoors or outdoors.*)

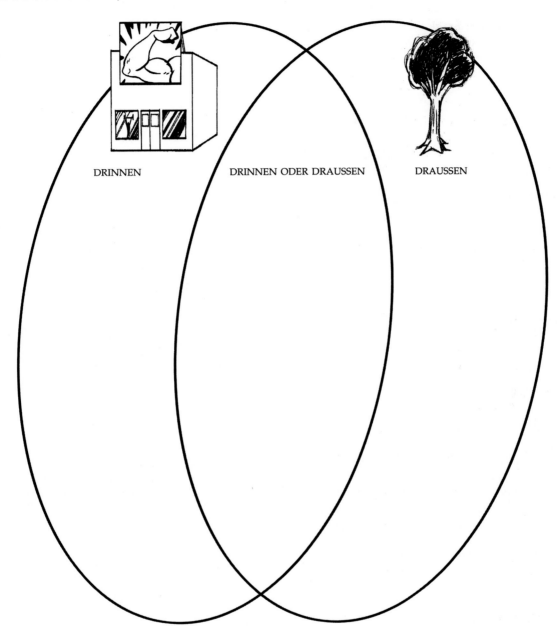

DRINNEN   DRINNEN ODER DRAUSSEN   DRAUSSEN

PERSPEKTIVEN

Hör mal zu!

A. Johannes, Frank und Alexandra. Du hörst eine Beschreibung von drei Schülern, Johannes (J), Frank (F) und Alexandra (A). Welche Bilder passen zu welchem Schüler oder welcher Schülerin? (HINT: *You will hear a description of three students at a* **Gymnasium.** *Which pictures represent Johannes, Frank, and Alexandra? Write J, F, or A under each picture.*)

1. _____

2. _____

3. _____

4. _____

5. _____

6. _____

7. _____

8. _____

Lies mal!

B. Ein Brief an Heinz Koslowski. Lies den Brief und die Anzeigen von Anneliese und Walter, Freunden im Süden von Deutschland. (HINT: *Anneliese and Walter, good friends of the Koslowskis, live in Southern Germany. They sent six ads from their daily newspaper to show Heinz that there are job opportunities in their part of the country. Heinz Koslowski makes a table to help himself make a decision. Read the ads, and help him by filling in the correct information from each ad.*)

> *Lieber Heinz!*
>
> *Hier einige Anzeigen aus unserer Tageszeitung. Du siehst, es gibt genug Arbeit. Zieht doch zu uns in den Süden.*
>
> *Viele liebe Grüße auch an Vera und die Kinder!*
> *Eure Anneliese und Walter*

1.

Lust auf Augenoptik?

Welche (r) AUGENOPTIKER(in) möchte in einem starken Team in unserem

2. Geschäft in Höchberg

ab sofort selbständig neue Aufgaben übernehmen..?

Nehmen Sie die Herausforderung an und setzen Sie sich mit uns in Verbindung.

... hat Brillen die nicht jeder trägt!

HAUPTSTRASSE 50A · 97204 HÖCHBERG · TEL. 40 82 41

2. **Hauswart** für Speditionsanwesen, mögl. mit FS Kl. II u. handwerkl. Fähigkeiten gesucht. Schöne 2-ZW bei Mietvergütung in Wiesentheid vorhanden. ☎ 09383/6081

3. Sie suchen einen sicheren **Arbeitsplatz?** Dann kommen Sie zu uns. Wir suchen **4 Schlosser aller Fachrichtungen** Informieren Sie sich! Tel.: 09 31/35 57 50

4. Wir suchen für eine freiberufliche Anstellung auf Honorarbasis: **Dozenten/-innen** für **Netzwerk-Administration** Themenbereiche: **Windows NT-Netzwerke, Novell-Netware 4.1, NT & Novell, TCP/IP & HTML-Anwendungen** Nähere Informationen unter ✉ 877407 Z

5. **Kaufhausdetektive/-innen** mit Erfahrung gesucht. ☎ 0911/4625155, Montag von 10–12 Uhr u. 13–16 Uhr

6. Zuverlässige **Reinigungskraft** 2x wöchentlicn für unsere Niederlassung gesucht, Arbeitszeit ca. 8 Std. pro Woche. Tel. 09 31/96 88-0

	Wer?	Was?	Wo?	Wann?	Kontakt?	Extras?
1		Müllers Brillenstudio, 2. Geschäft	Höchberg			
2		Speditionsanwesen			09383-6081	schöne 2-Zimmer Wohnung
3	Schlosser					
4		Netzwerk-Administration				
5						
6		Niederlassung				

 C. Was denkst du? (HINT: *Speculate about Heinz Koslowski's reaction to the ads.*)

1. Welche Anzeige findet Herr Koslowski interessant? Warum? _____

_____

2. Welche Anzeige(n) findet er gar nicht interessant? Warum? _____

_____

Schreib mal!

D. Postkarte aus den Ferien. Schreib einem Freund / einer Freundin eine Postkarte aus den Ferien. Benutze die Ausdrücke unten oder andere, die du kennst. (HINT: *Write a friend a postcard from your vacation, and use the expressions below or others you know.*)

segeln

???

Karten spielen

???

fotografieren

Tennis spielen

???

wandern

schwimmen

spazieren gehen

Lieber _____

Liebe _____

_____

_____

_____

_____

viele Grüße

Deutschland
Kloster Maulbronn 100
Weltkulturerbe der UNESCO

Name _____

Datum _____

Klasse _____

3 WIE GEHT ES PAPA?

VIDEOTHEK

· ·

A. Wer sagt was? Hör dir das Minidrama an und markiere, wer was sagt. Du hörst das Minidrama zweimal. (HINT: *Who says what? Listen to the minidrama and mark who says what with the appropriate letters. You will hear the passage twice.*)

H (Heinz Koslowski)   B (Herr Becker)   V (Vera Koslowski)

1. ____ Jetzt setz dich doch!

2. ____ Heute ist Dienstag.

3. ____ Dann zeige ich Ihnen jetzt noch Ihre neue Wohnung.

4. ____ Heinz, glaubst du, hier passt unser Küchenschrank hin?

5. ____ Ja, wir machen es alles so, wie Sie es haben wollen.

6. ____ Marion! Was machen wir bloß mit Marion?

B. Marions Wohnung. Welche Reihenfolge ist richtig? Markiere von 1 bis 9. Du hörst Marions Gespräch zweimal. (HINT: *In what order does Marion mention the rooms and things in her apartment? Mark them from 1 to 9. You will hear Marion's conversation twice.*)

____ das Badezimmer

____ das Bett

____ der Herd

____ die Lampe

____ der Nachttisch

____ das Schlafzimmer

____ der Sessel

____ der Spiegel

____ die Toilette

C. Was weißt du schon über Marion? Ergänze die Sätze. (HINT: *Fill in the blanks with what you already know about Marion.*)

1. Ich heiße Marion _____.

2. Ich wohne in _____.

3. Ich bin _____ Jahre alt.

4. Lars ist mein _____ und _____ ist mein Freund.

5. Mein _____ heißt Heinz.

VOKABELN

A. Wohnungen. Anja, Daniel, René und Anne erzählen von ihren Wohnungen. Welche Zimmer hat jeder in seiner Wohnung? (HINT: *You will hear several people talk about their apartments. Mark the rooms that each person mentions, and specify the number if there's more than one of a certain type of room.*)

	Anja	Daniel	René	Anne
Diele				
Küche				
Bad				
Schlafzimmer				
Wohnzimmer				
Esszimmer				

B. Tanja beschreibt ihre Wohnung. Hör zu und frag nach. Was hat Tanja in der Wohnung? Was haben ihre Verwandten? (HINT: *Listen as Tanja describes her apartment, and ask her about what she says, just to make sure. Her relatives have more of everything than she does!*)

Du hörst: In meiner Küche gibt es eine Mikrowelle.
Du fragst: Eine Mikrowelle?
Du hörst: Ja, eine Mikrowelle. Und meine Mutter hat zwei.
Du fragst: Zwei Mikrowellen?
Du hörst: Ja, zwei Mikrowellen.

    1. . . .   2. . . .   3. . . .   4. . . .   5. . . .

C. Zwei Bilder. Was fehlt im zweiten Bild? (HINT: *Write down the furnishings and other items that are missing from the second picture.*)

ES FEHLEN . . .

1. das Kopfkissen _____

2. _____

3. _____

4. _____

5. _____

6. _____

7. _____

8. _____

9. _____

D. Ich brauche . . . Was brauchst du unbedingt in deiner Küche? Was brauchst du überhaupt nicht? (HINT: *What do you absolutely need in your kitchen? What do you not need at all? List at least three things you need and two things you don't. Remember to use the accusative.*)

Ich brauche . . .

ein/eine/einen	kein/keine/keinen
_____	_____
_____	_____
_____	_____
_____	_____
_____	_____

E. Was ist denn hier los? Was passt zusammen? (HINT: *What's the matter? Correct the statements.* *Rearrange the following elements to make the most logical connections.*)

Ich schlafe	ein neues Buch.
Johannes fährt	Deutsch.
Martin liest	fern.
Sigrid isst	im Wald.
Uta spricht	Fahrrad.
Dorothea sieht	am Esstisch.
Erich läuft	im Bett.

1. *Ich schlafe im Bett.*

2. _____

3. _____

4. _____

5. _____

6. _____

7. _____

F. Was macht deine Familie nicht gern? Schreib Sätze. (HINT: *What do your family members dislike doing? Write sentences.*)

MODELL: Meine Oma fährt *nicht gern* Fahrrad.

sieht fern fährt Auto spricht laut liest dicke Bücher läuft isst Kuchen schlafen lange fahren Ski

1. Mein Opa _____.

2. Meine Mutter und mein Vater _____.

3. Meine Tante _____.

4. Mein Cousin _____.

5. Mein Bruder _____.

G. Deine Lieblingsbeschäftigungen. Was tust du gern? (HINT: *Describe your favorite activities for each time below.*)

1. Am Wochenende _____.

2. Am Montag _____.

3. Am Freitag _____.

4. Am Abend _____.

© 2000 WGBH Educational Foundation and CPB

STRUKTUREN

· ·

A. Familie Wiedemann. Du hörst eine Geschichte über die Familie Wiedemann. Schreib alle Verben, die du hörst, im Infinitiv. (HINT: *You will hear a story about the Wiedemann family. Write down the infinitives of all the verbs you hear.*)

> laufen   trinken
> fahren
> essen   spielen
> fernsehen
> aufstehen

Du hörst: Der Vater, Herbert, steht jeden Tag um sieben Uhr auf.
Du schreibst: aufstehen

1. _____

2. _____

3. _____

4. _____

5. _____

6. _____

B. Wer macht was? Du hörst die Geschichte noch einmal. Suche das passende Bild zu jeder Aktion. (HINT: *Who does what? You will hear the story one more time. Find the picture that matches each verb.*)

Du hörst: Der Vater, Herbert, steht jeden Tag um sieben Uhr auf.
Du siehst: Bild e.
Du schreibst: aufstehen

a. _____

b. _____

c. _____

d. _____

e. *aufstehen*

f. _____

g. _____

C. Was macht Daniela gern? (HINT: *What does Daniela like to do? Form complete sentences from the cues you hear.*)

Du hörst: Auto fahren
Du sagst: Daniela fährt gern Auto.
Du hörst: Daniela fährt gern Auto.

  1. . . .   2. . . .   3. . . .   4. . . .   5. . . .

 D. Und die anderen? (HINT: *And what about the others? They like to do the same things Daniela does. Talk about what they like to do, based on what you hear.*)

Du hörst: Daniela fährt gern Auto.
Du siehst: Georg und Zino
Du sagst: Georg und Zino fahren gern Auto.
Du hörst: Georg und Zino fahren gern Auto.

  1. Lena und Erkan
  2. Ich
  3. Ihr drei
  4. Wir alle
  5. Simon

 E. Ein Interview. Du führst ein Interview mit einer neuen Schülerin. (HINT: *You are working for your high school newspaper and have been assigned to interview a new student. Ask questions, using the cues provided. You will hear your questions repeated. Finally, listen for her answers.*)

Du liest: lesen
Du sagst: Liest du gern?
Du hörst: Liest du gern?
Du hörst: Ja, ich lese gern, am liebsten Kriminalromane.

  1. fernsehen
  2. Fußball spielen
  3. Liebesromane lesen
  4. Auto fahren
  5. im Park laufen
  6. Wiener Schnitzel essen

F. Zwei Hausbesitzer. Zwei Hausbesitzer, Herr Braun und Frau Pfleger, sprechen über ihre Häuser. Kreuze an, was sie haben und was sie nicht haben. (HINT: *Two homeowners, Herr Braun and Frau Pfleger, are talking about their houses. Check off what they have and what they don't have.*)

	Herr Braun		Frau Pfleger	
	Das hat er	Das hat er nicht	Das hat sie	Das hat sie nicht
zwei Badezimmer				
eine Geschirrspülmaschine				
drei Waschbecken				
ein antiker Spiegel				
eine Mikrowelle				
eine Standuhr				
ein Klavier				

G. Dieters Tagesablauf. Ergänze die Lücken mit den richtigen Verbformen. (HINT: *Fill in the blanks with the correct form of the verb in parentheses.*)

1. Jeden Tag _____[1] Dieter um 8 Uhr _____.[2] (aufstehen)

2. Dann _____[3] er Toast und Marmelade und _____[4] eine Tasse

   Tee. (essen / trinken)

3. Er _____[5] die _____[6] oder _____[7] mit seinen

   Nachbarn. (Wohnung putzen / sprechen)

4. Danach _____[8] er zur Arbeit. (fahren)

5. Abends _____[9] er meistens _____[10] und _____[11] um

   elf Uhr _____[12] _____.[13] (fernsehen / zu Bett gehen)

H. Der Neinsager / Die Neinsagerin. Du hast einen schlechten Tag und gibst deinen Freunden auf alle Fragen eine negative Antwort. (HINT: *You are having a bad day; answer all of your friends' questions with a negative statement.*)

MODELL: Hast du eine große Wohnung? →
Nein, ich habe keine große Wohnung.

1. Kommst du aus Unterpfaffenhofen?

   _____

2. Bist du nett und freundlich?

   _____

3. Hast du einen Sofatisch?

   _____

4. Hast du ein Waschbecken?

   _____

5. Kommst du mit ins Kino?

   _____

I. Ein Interview. Eine Privatdetektivin stellt dir einige Fragen. Beantworte sie so ehrlich wie möglich und mit ganzen Sätzen. (HINT: *A private investigator is asking you some questions. Answer them as honestly as possible, with complete sentences.*)

1. Um wie viel Uhr stehst du auf?

   _____

2. Wie viele Stunden pro Tag siehst du fern?

   _____

3. Trinkst du lieber Wasser, Tee oder Orangensaft?

   _____

4. Liest du eine Tageszeitung?

   _____

5. Welche Filme siehst du besonders gern?

   _____

6. Nimmst du Vitamintabletten?

   _____

7. Was isst du am liebsten?

   _____

8. Spielst du gern Karten?

   _____

9. Welche Sachen hast du in deinem Zimmer?

   _____

AUSSPRACHE

••

The Vowels *ä, ö, ü*

Three German vowels—**a, o, u**—can be umlauted. That means that they are written with two dots on top: **ä, ö, ü**. The umlaut signals a distinct change in sound. German has both short and long umlauted vowels.

A. The Vowel *ä*.

Long *ä*. This vowel is similar in sound to the long **e** as in **See** or **gehen**.

Listen and repeat.

> Mädchen
> erzählen
> Cäsar
> Aktivität
> Universität
> Qualität

Short *ä*. This vowel is the same sound as the short **e** in **essen** or **kennen**.

Listen and repeat.

> hässlich
> Ausländer
> Ärger
> nächste
> Dächer
> Plätze

Listen to the following contrasts and repeat. Contrast: long **a** / long **ä**.

> Vater/Väter
> Bad/Bäder
> schlafen/schläft

Contrast: short **a** / short **ä**.

> Platz/Plätze
> Land/Länder
> Mann/Männer

Contrast: short **ä** / long **ä**.

> Stätte/Städte
> Säcke/Säge
> Männer/Mähne

Satzbeispiele. Write in the missing **a** or **ä**. You will hear each sentence twice.

1. Wir f___hren n___chstes J___hr n___ch ___ltst___tten.

2. M___rion f___hrt mit der B___hn n___ch B___sel.

3. ___n der Universit___t gibt es ___chtzig Studienpl___tze für Ausl___nder.

Now listen to the sentences again and repeat them in the pauses provided.

B. The Vowel *ö*.

Long *ö*. An easy way to learn to pronounce the long **ö** is by saying a long **e** as in **See,** then rounding your lips as if you were saying a long **o.**

Listen and repeat.

> hören
> möglich
> Österreich
> Möbel
> schön
> persönlich

Short *ö*. To pronounce the short **ö,** start with a short **e,** then round your lips. Your lips should be slightly more relaxed than when pronouncing the long **ö.**

Listen and repeat.

> zwölf
> Wörter
> können
> Förster

Listen to the following contrasts and repeat. Contrast: long **ö** / short **ö.**

> Höhle/Hölle
> Öfen/öffnen
> Tönchen/Tönnchen

Satzbeispiele. Write in the missing **o** or **ö.** You will hear each sentence twice.

1. Mari____n fährt ____ft nach ____sterreich.

2. Das S____fa ist sch____n gr____ß.

3. Wir h____ren zw____lf neue W____rter.

Now listen to the sentences again and repeat them in the pauses provided.

C. The Vowel *ü*

Long *ü*. Pronounce the long **ü** by saying a long **i** as in **spielen,** then holding this position and rounding your lips as if you were pronouncing **u.**

Listen and repeat.

> Grüße
> über
> natürlich
> Bücher
> Tüte
> müde

Short *ü*. To say the short **ü,** pronounce a short **i** as in **ist,** then round your lips to form a short **u.** Your lips should be more relaxed than when pronouncing the long **ü.**

Listen and repeat.

> Stück
> fünf
> fünfzig
> Glück
> Küche
> müssen

Listen to the following contrasts and repeat. Contrast: long **u** / long **ü.**

> Gruß/Grüße
> Hut/Hüte
> Buch/Bücher

Contrast: short **u** / short **ü.**

> null/fünf
> Mutter/Mütter
> Butter/Bütten

Satzbeispiele. Write in the missing **u** or **ü.** You will hear each sentence twice.

1. Wir haben f____nf St____hle.

2. ____m zwei ____hr hat Marion die Abit____rpr____f____ng.

3. Herr Lehmann liest h____ndert B____cher im Jahr.

Now listen to the sentences again and repeat them in the pauses provided.

EINBLICKE

 A. Ein Haus zum Wachsen. Hör dir die folgenden Sätze an und wiederhole sie. (HINT: *Read the following sentences to yourself as you hear them on the tape, then repeat them out loud, following the speaker's pronunciation.*)

1. Das Haus hat zwei Stockwerke.
2. Das Erdgeschoss hat achtundachtzig Quadratmeter.
3. Das Erdgeschoss hat eine Küche und ein Bad.
4. Eine junge Kleinfamilie kann bequem im Erdgeschoss wohnen.
5. Der Eingangsbereich ist praktisch.
6. Das Gäste-WC und die Garderobe sind im Eingangsbereich untergebracht.

B. Kompakt wohnen. Lies den Text. Schau dir die Grundrisse an. (HINT: *Read the text and look at the floor plans shown here.*)

Mit zwei Stockwerken ist das ein Haus zum Wachsen. Da der EG[1]-Grundriss bereits sämtliche Wohnfunktionen berücksichtigt (drei separate Räume sowie Küche und Bad), kann eine junge Kleinfamilie zunächst ohne weniger Komfort auf 88 Quadratmeter bequem im Erdgeschoss wohnen. Wenn die Familie größer wird oder mehr Raum braucht, kann nach und nach das Dachgeschoss[2] ausgebaut werden. Praktisch ist der Eingangsbereich, in dem das Gäste-WC[3] und die Garderobe untergebracht sind.

[1]EG = Erdgeschoss *ground floor*   [2]*top floor, attic*   [3]WC = Toilette

1. Das Haus im Text ist _____.
   a. das Haus im Plan a
   b. das Haus im Plan b
   c. das Haus im Plan c

2. Eine _____ kann im Erdgeschoss wohnen.
   a. kranke Familie
   b. junge Kleinfamilie
   c. Großfamilie

3. Das Haus hat _____ Stockwerke.
   a. 2
   b. 12
   c. 20

4. Der Eingangsbereich ist _____.
   a. laut
   b. teuer
   c. praktisch

5. Das Gäste-WC ist _____.
   a. im Eingangsbereich
   b. in der Küche

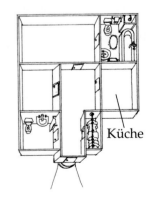

a

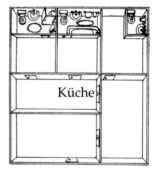

Küche

b

Küche

c

KULTURTIPP

Compare the size of this prefabricated house to a typical American house. Many Germans choose such a house because it is so affordable. This is a popular floor plan because a family has room to expand. Germans generally tend not to move as often as Americans and often renovate rather than move.

C. Zum Schreiben. Beschreibe einen der Grundrisse aus der Aktivität B. (HINT: *Choose one of the floor plans in the previous exercise and imagine yourself in the house it represents. Answer the questions below with complete sentences. Allow yourself to speculate.*)

1. Wie viele Zimmer hat das Haus?

   _____

   _____

2. Welche Zimmer sind im Erdgeschoss, welche Zimmer sind im Dachgeschoss?

   _____

   _____

3. Wie sind die Zimmer? (Die Küche ist groß, klein, hell, dunkel, grün. . . .)

   _____

   _____

4. Welche Möbel sind in den Zimmern?

   _____

   _____

5. Was brauchst du für das Haus?

   _____

   _____

6. Wo schläfst du?

   _____

   _____

7. Was ist dein Lieblingszimmer? Warum?

   _____

   _____

PERSPEKTIVEN

Hör mal zu!

A. Haus, Palast und Burg. Was fehlt? (HINT: *Complete the sentences with the information you hear. Watch out! The text you will hear is not identical to the one you see!*)

1. Ludwig van Beethoven ist am _____[1] Dezember, 1770 in Bonn geboren. Sein

   Geburtshaus hat _____[2] Stockwerke. Die Zimmer sind ziemlich _____[3]

   und dunkel. Das Haus _____[4] ein Hinterhaus. Die Familie Beethoven

   _____[5] aber einen kleinen Garten.

2. Man schreibt das Jahr _____.[6] Maria Theresias neue Residenz hat über

   _____[7] Zimmer. _____[8] Zimmer sind Wohnräume. Es gibt 139

   _____.[9]

3. Martin Luther ist ein Gast auf der Wartburg. Die Wartburg ist _____[10] und romantisch.

   Dr. Luther hat ein schönes Arbeitszimmer mit einem großen Schreib_____.[11] Es

   _____[12] sehr viele andere Zimmer, die schönsten _____[13] der Festsaal

   und der Rittersaal. Die Küche ist aber primitiv.

Lies mal!

L E S E T I P P

Visuals can help you to predict the meaning of a text. Look at the pictures below and guess the topic of the following nursery rhyme. You have already seen that cognates help you understand a text. Now, combine your knowledge of cognates with your prediction and match the four pictures with the topics of the stanzas.

„WER WILL FLEISSIGE HANDWERKER SEHN?"

Refrain: Wer will fleißige Handwerker sehn,
der muss zu uns Kindern gehn.

1. Stein auf Stein, Stein auf Stein,
   das Häuschen wird bald fertig sein.

2. O wie fein, o wie fein,
   der Glaser setzt die Scheiben ein.

3. Tauchet ein, tauchet ein,
   der Maler streicht die Wände fein.

4. Zisch zisch zisch, zisch zisch zisch,
   der Tischler hobelt glatt den Tisch.

Wortschatz zum Lied

der Handwerker, -	*craftsman*	der Maler, -	*painter*
der Glaser, -	*glazier; someone who installs or replaces windows*	streichen	*to paint*
		der Tischler, -	*cabinetmaker*
die Scheibe, -n	*window*	hobeln	*to plane*
eintauchen	*to dip in*		

B. Wer macht was? Bringe die Sätze in Ordnung. (HINT: *Who does what? Use the following cues to write sentences in the proper order.*)

Die Handwerker	hobelt	glatt den Tisch.
Der Maler	setzt	die Wände fein.
Der Glaser	setzen	die Scheiben ein.
Der Tischler	streicht	Stein auf Stein.

1. _____

2. _____

3. _____

4. _____

C. Der Architekt plant dein Traumhaus. Was gibt es in deinem Traumhaus? Was gibt es nicht? (HINT: *Draw a floor plan of your dream house or apartment. Be sure to label all of the rooms and pieces of furniture in German.*)

Schreib mal!

D. Beschreibe dein Traumhaus. (HINT: *Now write a brief description of your dream house or apartment. Mention rooms, and don't forget any other interesting features.*)

_____

_____

_____

_____

_____

_____

_____

_____

_____

_____

_____

E. Ein Vergleich. Beschreibe das Traumhaus deines Freundes und vergleiche es mit deinem Traumhaus. (HINT: *Look at your partner's floor plan and description, and compare its features with those of your dream house.*)

MODELL: Im Traumhaus von Eric gibt es nur ein Badezimmer, aber in meinem Traumhaus gibt es zwanzig Badezimmer. . . .

_____

_____

_____

_____

_____

_____

_____

_____

_____

_____

_____

_____

WIEDERHOLUNG 1

VIDEOTHEK

Stimmt das oder stimmt das nicht? Du kennst schon drei Geschichten über Marion und ihre Familie. Stimmen die Aussagen? (HINT: *Right or wrong? Mark the following statements yes [JA] or no [NEIN], based on what you now know about the Koslowski family.*)

		JA	NEIN
1.	Heinz ist zu jung für eine Vermittlung.	☐	☐
2.	Rüdiger fährt Motorrad.	☐	☐
3.	Frau Mertens zieht nach Köln.	☐	☐
4.	Marion und Rüdiger machen ihr Abitur.	☐	☐
5.	Lars will gern umziehen.	☐	☐
6.	Heinz muss zum Frisör.	☐	☐
7.	Die Familie hält zusammen.	☐	☐
8.	Herr Becker ruft am Dienstag aus Köln an.	☐	☐
9.	Rüdiger zieht auch nach Köln.	☐	☐

VOKABELN

A. Irina beschreibt ihre Wohnung. Welche Zimmer erwähnt sie? In welcher Reihenfolge erwähnt sie die Möbelstücke? (HINT: *Listen to Irina describe her apartment. You will hear her description twice. The first time you listen, write down the rooms she mentions. The second time, indicate the order in which she mentions her furniture.*)

1. Zimmer: _____

____ Esstisch

____ Herd

____ Mikrowelle

____ Stühle

2. Zimmer: _____

____ Fernseher

____ Sofa

____ Sofatisch

____ Stereoanlage

____ Zimmerpflanzen

3. Zimmer: _____

____ Bett

____ Klavier

____ Nachttisch

____ Telefon

B. Willkommen. Wie begrüßt und verabschiedet man sich in Deutschland? Schreib fünf Möglichkeiten auf. (HINT: *How do Germans express hello and good-bye? Write down five expressions.*)

HELLO

1. _____

2. _____

3. _____

GOOD-BYE

4. _____

5. _____

C. So oder so? Wie sind diese Menschen? Beschreibe sie. (HINT: *Write sentences contrasting the following people.*)

MODELL: Er ist neugierig. Sie ist uninteressiert.

1. _____

_____

2. _____

_____

3. _____

_____

4. _____

_____

alt
froh
gesund
groß
jung
klein
krank
neugierig
traurig
uninteressiert

D. Was machen diese Leute gern? Ergänze die Sätze. (HINT: *What do these people like to do? Fill in the missing activities.*)

1. Vera Koslowski ist sehr fleißig. Sie _____ viel.

2. Rüdiger liebt Fernsehfilme. Er _____ gern _____.

3. Frau Mertens liebt Theaterstücke. Sie _____ gern _____.

4. Marion _____ Popmusik.

5. Lars _____ gern Fußball.

6. Heinz _____ gern Kaffee.

STRUKTUREN

• •

 A. Was machen diese Leute gern? Lies die Hinweise unten und beantworte die Fragen, die du hörst. Benutze Personalpronomen für deine Antworten. (HINT: *What do these people like to do? Read the notes about what these people like to do and answer the questions, using a personal pronoun each time.*)

Du hörst: Was macht Marion gern?
Du sagst: Sie liest gern.
Du hörst: Sie liest gern.

1. Marion / Kriminalromane lesen
2. Herr Koslowski / Briefe schreiben
3. Lars und Sven / im Wald wandern
4. Frau Lehmann / Kaffee trinken
5. das Kind / Fußball spielen
6. du / ?

 B. Paketdienst. Lies die Anzeige der Post und beantworte die Fragen. (HINT: *Read the ad for the German Parcel Post Service and answer the questions you hear.*)

ANZEIGE

An alle, die auf den Pfennig achten:

der Zug

das Flugzeug

das Taxi

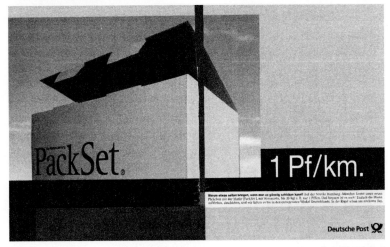

das PackSet

Du hörst: Wie viel kostet es mit dem Zug?
Du sagst: Mit dem Zug kostet es sechzehn Pfennig pro Kilometer.
Du hörst: Sechzehn Pfennig.

1. . . .   2. . . .   3. . . .

C. Ab München Hauptbahnhof. Wann fahren sie ab? Wann kommen sie an? (HINT: *Answer the questions about departure and arrival times. Write out the times.*)

Ab:	An:
München 7.12	Hannover 11.30
München 7.12	Hamburg 12.52
München 7.24	Wien 12.35
München 7.36	Frankfurt 11.10
München 7.36	Köln 13.00
München 7.46	Heidelberg 10.51

MODELL: Die Kinder kommen um fünfundzwanzig Minuten vor eins in Wien an. Wann fahren sie von München ab? →
Um sieben Uhr vierundzwanzig. / Um vierundzwanzig (Minuten) nach sieben.

Martin kommt um dreizehn Uhr in Köln an. Wann fährt er von München ab? →
Um sieben Uhr sechsunddreißig. / Um vierundzwanzig Minuten vor acht.

1. Johanna fährt um zwölf nach sieben von München ab. Wann kommt sie in Hannover an?

_____

2. Yvonne fährt um sieben Uhr sechsunddreißig von München ab. Wann kommt sie in Frankfurt an?

_____

3. Amir fährt um sieben Uhr sechsundvierzig von München ab. Wann kommt er in Heidelberg an?

_____

4. Meine Mutter kommt um acht vor eins in Hamburg an. Wann fährt sie von München ab?

_____

D. Was brauchen diese Leute? Schau dir das Beispiel an und schreibe Sätze. (HINT: *What do these people need? Follow the example and write sentences.*)

MODELL: Daniela: Kugelschreiber / Alban: blau →
Daniela braucht einen Kugelschreiber. Alban hat einen Kugelschreiber! Er ist blau.

1. Alban: Lampe / Thomas: alt

_____

2. Thomas: Klavier / Paulin: laut

_____

3. Paulin: Spiegel / Ali: groß

_____

4. Ali: Bücher / Daniela: interessant

_____

4 DER UMZUG NACH KÖLN

VIDEOTHEK

A. In welcher Reihenfolge hörst du das? Nummeriere die Aussagen. (HINT: *In what order do you hear these comments and questions? Number them in the order in which they are said.*)

____ Na, häng sie auf. Da zum Beispiel.

____ So, das wäre geschafft! Mann oh Mann, bin ich fertig.

____ Heinz, was mache ich denn jetzt mit all den Bildern?

____ Ach, die kommt schon klar. Sie ist doch schon ein Mädchen mit fast achtzehn Jahren.

____ Ich geh' ins Bett. Erste Nacht in Köln.

____ Was Marion jetzt wohl macht?

B. Danielas Wohnung. Daniela beschreibt ihre neue Wohnung. Was hat sie in ihrer Wohnung? Welche Gegenstände erwähnt sie? (HINT: *Daniela is describing her new apartment. Look at the sketch below and circle the items she mentions in her kitchen, bathroom, and bedroom.*)

Schlafzimmer

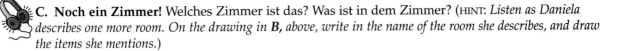

Bad   Küche

C. Noch ein Zimmer! Welches Zimmer ist das? Was ist in dem Zimmer? (HINT: *Listen as Daniela describes one more room. On the drawing in B, above, write in the name of the room she describes, and draw the items she mentions.*)

VOKABELN

A. Wie wohnt . . . ? Stefan erzählt, wie seine Freunde wohnen. Was fehlt im Satz? (HINT: *Stefan is talking about where his friends live. Choose the correct completion for each sentence.*)

1. Timo wohnt ____ auf dem Land.

2. Manuela wohnt ____ in der Großstadt Berlin.

3. Kristin wohnt ____ in Lübeck.

4. Karsten wohnt ____ in Hamburg.

5. Jörg wohnt ____ in München.

6. Susanne wohnt ____ in Nürnberg.

a. in einer Altbauwohnung
b. in einem Bauernhaus
c. in einem Doppelhaus
d. in einer Eigentumswohnung
e. in einem Mietshaus
f. in einer Neubauwohnung
g. in einem Reihenhaus

B. Stimmt das oder stimmt das nicht? Ein Haus auf dem Land: Was erzählt Eva? Markiere JA oder NEIN. (HINT: *Things have changed for Eva and her family. Listen to what Eva said in March about their old living situation and what she said in October about their new living situation. Mark each statement yes [JA] or no [NEIN].*)

	JA	NEIN
MÄRZ		
1. Sie wohnen in einer Großstadt.	☐	☐
2. Peter und Eva wollen wegziehen.	☐	☐
OKTOBER		
3. Sie kaufen ein Haus auf dem Land.	☐	☐
4. Sie wohnen seit dem 10. September im neuen Haus.	☐	☐
5. Mit der Miete von der alten Wohnung bezahlen sie das neue Haus.	☐	☐
6. Felix und Helena spielen immer im Haus.	☐	☐

C. Warum? Begründe, warum diese Menschen dort wohnen. (HINT: *Listen to the following people talk about their homes. Give a reason why they live where they do.*)

1. Daniela

_____

2. Lorenz

_____

_____

3. Henna

_____

_____

4. Michael

_____

D. Abkürzungen. Finde den Ausdruck, der zu jeder Abkürzung passt. Dann suche auch die Kleinanzeige, in der diese Abkürzung steht. (HINT: *Match the abbreviations to their meanings. Then circle the numbers of the ads that have each abbreviation in them [some abbreviations are in more than one ad].*)

Einbauküche   Luxus   30 Minuten nach München

Neubaugebäude   Wohnfläche   Doppelhaushälfte   Zimmer

Einfamilienhaus   2-3 Monate   Altbauwohnung

groß   kleiner Balkon   Wohnzimmer

Dusche/Bad   München-Zentrum

1. **2-Zi.-Altbauwhg. ca. 76 m², AU,** renov., gr. Wo.Zi., Du./Bad, WC, ohne Prov., 1050,- + NK/HK, 3 MM Kaut., Besicht. 26.2., 13.30 h, Auerfeldstr. 28/I. OG.

OERTLE   HAUSVERWALTUNG LEOPOLDSTRASSE 48 TEL. 089/33 00 79-80

2. **Lux., voll ausgest. 2-Zi.-Whg.,** 60 m² in Mü.-Zentrum, U-Bahnnh., ab sof. f. ca. 2-3-Mon. an Nichtraucher zu vermieten. Miete warm **DM 1400,-. ☎089/1501770 o. 089/5502525**

3. **Bei Dasing: DHH, 6 Zi., KB, 30 Min. n. München,** ruhig, **170 m² Wfl., NBGebäude** 60 m² Büro, schöner Garten, vom Eigentümer Miete 1800,- +NK ☎08205/7498

4. **Wohnen auf dem Lande, großzügiges EFH, Neubau, Erstbezug,** Exklusivausstattung, 250 m² Wohnfl., in sonniger Dorflage, mit 3 Balkonen, Terrasse, Garten u. Doppelgarage, von Privat, Nähe B 15, **Neufahrn/Ndb.,** günstiger Mietpreis! Zuschr. u. ✉ZS8944924 SZ.

5. **2 1/2 Zi.** Eigentumswohnung in schöner Lage, 87 m2, EBK, kl. Blk. zu verkaufen wegen Umzug. Preis nach Absprache. ☎ **ab 20 Uhr** 0221/51370.

ABKÜRZUNG	BEDEUTUNG	KLEINANZEIGEN-NUMMER
DHH	_____	1 2 3 4 5
Wfl./Wohnfl.	_____	1 2 3 4 5
EFH	_____	1 2 3 4 5
NBGebäude	_____	1 2 3 4 5
gr.	_____	1 2 3 4 5
Zi.	_____	1 2 3 4 5
Lux.	_____	1 2 3 4 5
Altbauwhg.	_____	1 2 3 4 5
Mü.-Zentrum	_____	1 2 3 4 5

E. Wohnungssuche. Finde jetzt Wohnungen oder Häuser für die folgenden Leute. (HINT: *Find the houses or apartments that would be appropriate for the following people.*)

MODELL: Für meine Eltern suche ich eine Eigentumswohnung. Wir wollen eine Neubauwohnung. → 5

1. Familie sucht Haus auf dem Land mit Garage. _____

2. Ich suche eine Altbauwohnung, 2 Zimmer, 70–80m2. _____

3. Nette Gruppe sucht großes Haus, 5–6 Zimmer, nicht in der Stadt! _____

F. Wo kann man das machen? Rate mal. (HINT: *Where can one do the following things? Make a guess.*)

das Restaurant
die Bank   die Fabrik
das Kino   der Supermarkt
der Berg   die Post
der Strand   der Garten

1. Dort kann man schwimmen.   _____

2. Dort kann man Briefe abschicken.   _____

3. Dort kann man Essen einkaufen.   _____

4. Dort kann man wandern.   _____

5. Dort kann man Filme sehen.   _____

6. Dort kann man essen.   _____

G. Was stimmt? (HINT: *Find the appropriate completion for each of the following statements.*)

1. ____ ist die Luft schmutzig.   3. ____ wohnen viele Leute.
    a. In der Stadt   a. In der Großstadt
    b. Im Dorf   b. In der Kleinstadt
    c. Auf dem Land   c. Auf dem Land

2. ____ sind die Mieten billig.
    a. In der Bank
    b. Auf dem Land
    c. Im Supermarkt

H. Wie kommt man dahin? Bilde fünf Sätze. (HINT: *How do you get there? Write five sentences explaining how you get to various places.*)

MODELL: Ich gehe zu Fuß zur Bank.

mit dem Bus fahren   zur Bank
mit der Straßenbahn fahren zur Fabrik
mit dem Auto fahren   zum Strand
mit dem Fahrrad fahren   zum Supermarkt
zu Fuß gehen   zur Post
                            zum Café
                            zum Kino
                            zum Restaurant

1. _____

2. _____

3. _____

4. _____

5. _____

STRUKTUREN

• •

 A. Ein Interview. Nummeriere die Fragewörter in der Reihenfolge, in der du sie hörst. (HINT: *You will hear an interview with the famous German actor Siggi Moosgruber. Number the question words according to the order in which you hear them.*)

Wen? _____

Was? _____

Wann? _____

Wie? __1__

__3__

Warum? _____

Wo? _____

Wie viel? _____

 B. Das Interview geht weiter. Jetzt hörst du den zweiten Teil des Interviews. Kreuze an, welche Fragen Siggi Moosgruber mit JA und mit NEIN beantwortet. (HINT: *The interview continues. Listen to the second part of the interview and check off whether Siggi Moosgruber answers each question with yes [JA] or no [NEIN].*)

	JA	NEIN
1. Wohnen Sie auch in Untermenzing?	☐	☐
2. Ist Obermenzing schön?	☐	☐
3. Wohnen Sie in einem historischen Haus?	☐	☐
4. Haben Sie zwei Badezimmer?	☐	☐
5. Gehen Sie in Ihrer Freizeit gerne spazieren?	☐	☐
6. Und laufen Sie im Untermenzinger Wald?	☐	☐

C. Die Koslowskis in Köln. Du hörst, was die Koslowskis nach ihrem Umzug in Köln machen. Trage das Datum und was sie machen in die Tabelle ein. (HINT: *You will hear what the Koslowskis do after their move to Cologne. Complete the table with the missing dates and actions.*)

Wer?	Wann?	Was?
Lars	18. Februar	Tennis spielen
Frau Koslowski		
Ihre Schwester Mimi		
Herr Koslowski		
Er [Herr Koslowski]		
Herr und Frau Koslowski		

 D. Geburtstage. Deine Eltern fragen dich nach den Geburtstagen deiner Freunde. Antworte ihnen. (HINT: *Your parents ask you for your friends' birthdays. Answer them.*)

Du hörst: Wann ist Daniels achtzehnter Geburtstag?
Du liest: 26. März: Daniel / 18
Du sagst: Daniels achtzehnter Geburtstag ist am sechsundzwanzigsten März.
Du hörst: Ah, am sechsundzwanzigsten März.

Gratulieren macht SpASS!
FEBRUAR

1 _____ 16
2 _____ 17
3 _____ 18
4 _____ 19
5 Alban/48 20
6 _____ 21
7 _____ 22
8 Karl/36 23
9 _____ 24
10 _____ 25
11 _____ 26
12 _____ 27
13 _____ 28
14 _____ 29
15 _____

Gratulieren macht SpASS!
MÄRZ

1 _____ 16
2 _____ 17
3 _____ 18
4 _____ 19
5 _____ 20
6 Jürgen/17 Petra/19 21
7 _____ 22
8 _____ 23
9 _____ 24
10 _____ 25
11 _____ Daniel/18 26
12 _____ 27
13 _____ 28
14 _____ 29
15 _____ 30
_____ 31

Gratulieren macht SpASS!
APRIL

1 _____ 16
2 _____ 17
3 _____ 18
4 _____ 19
5 _____ 20
6 _____ 21
7 _____ 22
8 _____ 23
9 _____ 24
10 _____ 25
11 _____ 26
12 Doris/23 27
13 _____ 28
14 Martina/9 29
15 _____ 30

1. . . . 2. . . . 3. . . . 4. . . . 5. . . . 6. . . .

E. Gespräch mit Astrid. Du fragst Astrid Schlüter, eine Studentin aus München. Stelle die richtigen Fragen zu ihren Antworten. (HINT: *You are interviewing Astrid Schlüter, a student from Munich. Write down the questions that probably elicited the following answers.*)

DU: _____?

ASTRID: Ich heiße Astrid Schlüter.

DU: _Wo wohnst du?_____?

ASTRID: Ich wohne in einer kleinen Wohnung in München.

DU: _____?

ASTRID: Meine Adresse ist Siegesstraße 19.

DU: _Wie findest du München?_____?

ASTRID: Ich finde München faszinierend.

DU: _Was machst du in München_____?
       (gibst)

ASTRID: In München gibt es Konzerte und Theater, viele Museen und die berühmte Frauenkirche.

F. Das nächste Gespräch. Jetzt fallen dir noch ein paar Sachen ein, die du Astrid beim nächsten Gespräch fragen willst. (HINT: *Now a few more questions come to your mind. You plan to ask them at your next interview with Astrid.*)

MODELL: fahren / Astrid / nach Nürnberg →
Fährt Astrid nach Nürnberg?

1. trinken / Astrid / gerne Tee / mit Milch

_Trinkt Astrid_____

_____

2. schreiben / Astrid / E-Mails oder Briefe

_Schreibt_____

_____

3. anrufen / Astrid / ihren Freund Markus

_Ruft Astrid ... an._____

_____

4. spazieren gehen / Astrid und Markus / im Park

_____

_____

Petras neunzehnter

G. Ein E-Mail-Interview. Jetzt führst du dein eigenes Interview. (HINT: *Now you should have enough ideas and structures to create and conduct your own interview with someone you know or find interesting. In the e-mail screen below, list eight questions that you want to ask.*)

AN:

VON:

DATUM:

THEMA: Meine Fragen

1. _____

2. _____

3. _____

4. _____

5. _____

6. _____

7. _____

8. _____

H. Die Resultate. Was sagt denn dein Interviewpartner? (HINT: *What does your interviewee have to say? Once you have gotten answers to your interview questions, write them down here on your notepad. Correct any German mistakes your partner may have made, and make complete sentences if he or she forgot to.*)

Mein Interviewpartner: _____

Die Antworten:

1. _____

2. _____

3. _____

4. _____

5. _____

6. _____

7. _____

8. _____

AUSSPRACHE

· ·

Diphthongs, Consonants, and Consonant Combinations

German has three diphthongs: **au**, **ei/ai** (or, less commonly, **ey/ay**), and **eu/äu**. They are not drawn out as is often done in American English.

 A. The Diphthongs

The Dipthong *au*. Listen and repeat.

> Frau
> Auto
> Traum
> Haus
> laufen
> faul

The Diphthong *ei/ai/ey/ay*. Listen and repeat.

> nein
> kein
> fleißig
> Mai
> Meyer
> Bayern

The Diphthong *äu/eu*. Listen and repeat.

> neun
> heute
> teuer
> Häuser
> läuft
> Verkäufer

Satzbeispiele. Fill in the blanks with the words you hear. You will hear each sentence twice.

1. Das _____ ist _____.

2. Die _____ sind _____.

3. Die Studenten aus Bayern sind nicht _____, sie sind _____.

Now listen to the sentences again and repeat them in the pauses provided.

B. Consonants and Consonant Combinations

The Letter *v.* The letter **v** is usually pronounced like the letter *f* in English.

Listen and repeat.

Vater	vier
Vetter	voll

(Cousin)

In words borrowed from other languages, the letter **v** is pronounced like the letter *v* in English, unless it is at the end of the word.

Listen and repeat.

Verb	Vampir
Venus	Vanille

The Letter *w.* The letter **w** is pronounced like the letter *v* in English.

Listen and repeat.

wer	wann
wie	wo
was	warum

The Letter *j.* The letter **j** is pronounced like the letter *y* in English.

Listen and repeat.

ja	Juni
Januar	jung

The Combination *sch.* The consonant combination **sch** is pronounced in a manner similar to the English *sh*, with the lips being a little more rounded.

Listen and repeat.

Schwester	Tisch
Geschwister	schlafen

The Combination *th.* The consonant combination **th** is pronounced like a **t**.

Listen and repeat.

Theater	Mathematik
Thomas	Goethe

Satzbeispiele. Fill in the blanks with the missing letters. You will hear each sentence twice.

(Göthe)

1. Frau ____agner ____ohnt in ____eimar.

2. Der ____ater besucht den ____etter.

3. ____ürgen hat eine ____wester. Sie ist ____ung.

4. Im No____ember kommt der ____nee und das kalte ____etter.

Now listen to the sentences again and repeat them in the pauses provided.

EINBLICKE

••

A. Stimmt das oder stimmt das nicht? Schau dir die Tabelle gut an und höre dir die Sätze an. Stimmen sie oder stimmen sie nicht? Markiere JA oder NEIN. (HINT: *Look at the following table listing various apartments available in Zurich, and then decide whether the statements you hear are true or false. Mark them yes [JA] or no [NEIN].*)

   (Hörtipp: *You will hear statements about what the apartments include. Before you do this exercise, stop the recording and scan the information in the **Ausstattung** column.*)

FREIE WOHNUNGEN IN ZÜRICH						
Wie viele Zimmer	Wo	Grösse	Preis Franken	Stockwerk	Ausstattung[a]	Adresse
1	Altstadt	40 m2	1152,-	1	B	Amtsgasse 11
2	Oberstrasse	39 m2	665,-	7	B, BK, GK, L	Schleuchzerstr. 85
1½	Affoltern	41 m2	564,-		G, W	Hungerbergstr. 16
1½	Hirslanden	51 m2	605,-	1	B, BK, GK	Gattikerstr. 5
2	Altstetten	42 m2	489,-	EG	B	Grünauring 15
3½	Industrie	78 m2	1544,-	4	A, B, BK, L, WC	Limmatstr. 184

[a]**Ausstattung:**
A: Abstellraum / B: Bad / BK: Balkon / G: Gartensitzplatz / GK: Glaskeramikherd / L: Lift / W: Waschmaschine / WC: separates WC

WORTSCHATZ ZUM LESEN

der Abstellraum	*storage space*
die Ausstattung	*furnishings, amenities*
das Erdgeschoss	*ground floor*
das Stockwerk	*story, floor (of a building)*
das WC	*restroom, toilet*

	JA	NEIN
1.	☐	☐
2.	☐	☐
3.	☐	☐
4.	☐	☐
5.	☐	☐

B. Freie Wohnungen in Zürich. Beantworte die Fragen! (HINT: *Answer the questions, based on the information in the table on the previous page.*)

1. Welche Wohnung hat nur ein Zimmer?

   _____

2. Wie teuer ist die Wohnung im 4. Stockwerk?

   _____

3. Wo ist die Wohnung mit dem separaten WC?

   _____

4. Wie viele Zimmer hat die Wohnung mit dem Gartensitzplatz?

   _____

5. Wie groß ist die Wohnung im 7. Stockwerk?

   _____

C. Wohnungssuche in Zürich. Fünf Personen suchen Wohnungen in Zürich. Welche Wohnung ist ideal? (HINT: *Five people are looking for an apartment. Which would you pick for each person?*)

1. Suche Wohnung, 50m2–60 m2, mit Balkon

   _____

2. Familie, 4 Kinder, sucht Wohnung mit Bad und separatem WC

   _____

3. Single—suche Wohnung, 1–2 Zimmer mit Bad im Erdgeschoss

   _____

4. Ehepaar sucht moderne Wohnung im Zentrum, Hochhaus mit Lift, 35m2–40m2

   _____

PERSPEKTIVEN

•••

Hör mal zu!

 A. Wo und wie wohnen sie? Drei Personen erzählen, wo und wie sie wohnen. Ordne die Informationen den richtigen Personen zu! (HINT: *Three people talk about where and how they live. Put the initial of the appropriate person in each blank to show to whom that piece of information refers.*)

WO:
____ Norden von Berlin
____ Prenzlauer Berg
____ Zentrum von Berlin

D (Dirk)
H (Helga)
K (Karola)

WER HAT WAS:
____ Hochbett
____ Balkon
____ Nilpferd

WAS FÜR EIN HAUS:
____ Hochhaus
____ Reihenhaus
____ Mietshaus

B. Höre noch einmal genauer hin. Du hörst noch mal, was die drei Personen über ihre Wohnung erzählen. Wer erwähnt welche Zimmer? (HINT: *You will hear the same three people describe their living situations again. Who mentions which rooms?*)

	DIRK	HELGA	KAROLA
Arbeitszimmer	☐	☐	☐
Balkon	☐	☐	☐
Kinderzimmer	☐	☐	☐
Küche	☐	☐	☐
Schlafzimmer	☐	☐	☐
Wohnzimmer	☐	☐	☐

Lies mal!

Not " Read bad? "

I.

Neue Wohnung, neue Möbel

Die Koslowskis sind in Köln. Jetzt haben sie eine große Wohnung und Frau Koslowski will neue Möbel kaufen. Beim Abendessen unterhalten sich Vera und Heinz Koslowski mit Lars über neue Möbel.

FRAU KOSLOWSKI:	Gut, dass der Umzug so gut geklappt hat. Wir haben ja jetzt viel mehr Platz als vorher. Meint ihr nicht auch, dass wir ein paar Kleinigkeiten an Möbeln dazukaufen sollten? Unsere Miete hier ist ja billiger und die Nebenkosten bezahlt dein Chef, Heinz. Da haben wir schon etwas Geld für etwas Neues, meinst du nicht?
HERR KOSLOWSKI:	Na ja, soo viel mehr Platz haben wir auch nicht. Ich mag eigentlich keine so volle Wohnung. Wir haben doch alles. Muss das denn sein? Woran denkst du denn?
FRAU KOSLOWSKI:	Ich denke, vielleicht einen neuen Wohnzimmertisch und neue Schreibtische für Lars und Marion. Lars geht bald ins Gymnasium und Marion macht bald das Abitur, da brauchen sie eine gute Arbeitsatmosphäre.
LARS:	Also Mutti, wenn Marion und ich jeder etwas bekommen, können wir es uns dann aussuchen?
HERR KOSLOWSKI:	Ja, natürlich. Es muss euch doch gefallen.
LARS:	Dann glaube ich, ich brauche keinen neuen Schreibtisch. Lieber hätte ich ein gesundes Möbelstück.
FRAU KOSLOWSKI:	Was meinst du denn damit? Wie erklärst du denn das? Was ist ein gesundes Möbelstück? Heißt das, ein Schreibtisch ist ein ungesundes Möbelstück?
LARS:	Also, Mama, du sagst doch, dass Marion und ich jeder etwas bekommen. Und Papa sagt, dass wir es uns aussuchen dürfen. Naja, dann möchte ich lieber ein neues Bett. Genauer gesagt ein Wasserbett, das wünsche ich mir schon lange.
HERR KOSLOWSKI:	Wie kommst du denn darauf? Ein Wasserbett ist also gesünder als ein normales Bett?
FRAU KOSLOWSKI:	Reden wir erst einmal darüber. Heute muss das ja noch nicht entschieden werden.

C. Zum Text. Hier gibt es Hilfe mit den Wörtern. Was ist richtig? (HINT: *Choose the correct definition for each phrase from the reading.*)

1. ____ der Umzug
   a. in eine neue Wohnung umziehen
   b. aufs Land ziehen

2. ____ das hat gut geklappt
   a. alles ist in Ordnung
   b. nichts ist in Ordnung

3. ____ die Nebenkosten
   a. Gas, Wasser, Telefon, Elektrizität
   b. Wasser, Gas und Elektrizität

4. ____ gefallen
   a. auf den Boden fallen
   b. etwas gut oder schön finden

5. ____ gesund
   a. gut für Körper und Geist
   b. etwas, was gut schmeckt

D. Stimmt das oder stimmt das nicht? Was sagen die Koslowskis? Markiere JA oder NEIN. (HINT: *What do the Koslowskis say to one another? Are these statements correct, according to the reading? Mark them yes [JA] or no [NEIN].*)

		JA	NEIN
1.	Die Koslowskis sind in ihrer alten Wohnung.	☐	☐
2.	Der Umzug hat gut geklappt.	☐	☐
3.	Frau Koslowski will neue Möbel kaufen.	☐	☐
4.	Die Miete in der neuen Wohnung ist teuer.	☐	☐
5.	Der Chef von Herrn Koslowski bezahlt die Nebenkosten.	☐	☐
6.	Herr Koslowski will auch neue Möbel kaufen.	☐	☐
7.	Frau Koslowski will ein neues Bett und neue Schreibtische für Marion und Lars.	☐	☐
8.	Lars braucht einen neuen Schreibtisch.	☐	☐
9.	Herr Koslowski will ein Wasserbett kaufen.	☐	☐
10.	Lars sagt, dass Wasserbetten gesund sind.	☐	☐

Schreib mal!

E. Was sagt Marion dazu? Marion kommt nach Hause. Frau Koslowski erzählt, dass Marion einen neuen Schreibtisch bekommen soll. Sie hört auch, dass Lars lieber ein neues Wasserbett will, weil es gesünder ist. Wie ist Marions Reaktion? Schreibe einen neuen Dialog für die Koslowskis. (HINT: *Marion comes home and finds out that she is to get a new desk and that Lars wants a waterbed, because he thinks it's better for his health. What is Marion's reaction? Write a new dialogue. Refer to the reading for some useful expressions, and remember to include some expressions that show what Marion thinks of everything, as well.*)

FRAU KOSLOWSKI: _____

_____

_____

MARION: _____

_____

_____

FRAU KOSLOWSKI: _____

_____

_____

MARION: _____

_____

_____

FRAU KOSLOWSKI: _____

_____

_____

MARION: _____

_____

_____

DAS KARNEVALSFEST

VIDEOTHEK

• •

A. Die Feste. Markiere die richtigen Informationen. (HINT: *Which descriptions go with which festivals? Check the appropriate boxes.*)

	die Wiener Festwochen	das Erntedankfest (*Thanksgiving*)	das Oktoberfest
1. Das feiert man im Mai.			
2. „Wenn es Oktober wird und November, feiern wir gern dieses Fest."			
3. „Es gibt viele Theateraufführungen, sehr viele Konzerte."			
4. „Das Wetter ist noch warm und wir können draußen sitzen."			
5. Das feiert man in München.			
6. „Wir haben sehr viel Obst und Gemüse in unserem Land."			
7. „Das Wetter ist sehr schön, und die Sonne scheint, und es ist ein Kulturfest."			
8. Es wird im Land Brandenburg gefeiert.			

B. Das neue Leben. Vervollständige die Sätze mit den richtigen Antworten. (HINT: *Complete the sentences with the correct information.*)

1. Die Koslowskis wohnen im ____ Stock.
   a. siebten   b. ersten   c. dritten

2. Im Keller stehen ____.
   a. zwanzig Sonnenschirme   b. zwanzig Regenschirme

3. Der Anfang des Karnevals ist der ____.
   a. Rosenmontag   b. Rosensonntag   c. Rosendonnerstag

4. Fastnacht ist am ____.
   a. Montag   b. Dienstag   c. Freitag

VOKABELN

A. In welchen Monaten haben die folgenden Personen Geburtstag? Vervollständige die Sätze. (HINT: *When do these people celebrate their birthdays? Complete the sentences with the names of the months you hear.*)

1. Beate hat im _____ Geburtstag.

2. Peters Geburtstag ist im _____.

3. Maike und Daniela haben im _____ Geburtstag.

4. Arons Geburtstag ist im _____.

5. Mein Bruder hat im _____ Geburtstag.

6. Kristins Geburtstag ist im _____.

7. Hennas Geburtstag war im _____.

8. Sascha feiert im _____ Geburtstag.

9. Rahimas Geburtstag ist im _____.

10. Sabine hatte im _____ Geburtstag.

B. Was sagt man wann? Du hörst verschiedene Situationen. Wie reagierst du? (HINT: *You will hear several situations. Write the letter of the appropriate response next to each number. In some cases more than one response may be possible.*)

1. ____   a. Alles Gute.
            b. Gratuliere!
2. ____   c. Gute Reise!
            d. Guten Rutsch ins neue Jahr!
3. ____   e. Herzlich willkommen.
4. ____   f. Herzlichen Glückwunsch zum Geburtstag!
            g. Viel Glück!
5. ____   h. Viel Spaß!

6. ____

7. ____

C. Stimmt das oder stimmt das nicht? Hör zu, was Christiane und Sven über sich erzählen! Markiere JA oder NEIN. (HINT: *Listen to Christiane and Sven's conversation. Indicate whether the statements that follow are true or false by marking yes [JA] or no [NEIN].*)

	JA	NEIN
1. Christiane hat im Juni Geburtstag.	☐	☐
2. Sven hat im Winter Geburtstag.	☐	☐
3. Sven feiert mit seinen Freunden in der Wohnung.	☐	☐
4. Svens Freunde singen Lieder und ziehen Kostüme an.	☐	☐
5. Christianes Freunde schenken ihr ein Buch.	☐	☐
6. Am Abend hören Christianes Freunde Musik.	☐	☐

D. Die Jahreszeiten. Wie heißen die Monate der vier Jahreszeiten? Antworte für jede Jahreszeit. (HINT: *Name the months of each of the four seasons, completing the sentence.*)

1. Die Monate im _____ heißen _____September_____,

   _____ .

2. Die Monate im _____ heißen _____,

   _____ .

3. Die Monate im _____ heißen _____,

   _____ .

4. Die Monate im _____ heißen _____,

   _____ .

E. Das Wetter. Stell dir vor, du bist ein Wetteransager / eine Wetteransagerin. Beschreibe das Wetter auf den Bildern. (HINT: *Imagine that you are a meteorologist. Describe the weather in the following pictures.*)

London: 10° C

Helsinki: −5° C

Lissabon: 32° C

Galway: 18° C

> Es ist heiß.
> Es ist windig. Es blitzt und donnert.
> Es ist wolkig und windig.
> In_scheint die Sonne.
> In_schneit es.
> Es ist wolkig und neblig.
> In_regnet es.

1. In London _____ . Die Temperatur beträgt _____ .

   Es ist _____ .

2. In Lissabon _____

   _____

3. In Helsinki _____

   _____

4. In Galway _____

   _____

F. Wie ist das Wetter? Beschreibe, wie das Wetter bei dir in den genannten Monaten ist. Bilde Sätze. (HINT: *Describe the weather in your area at different times of year. Write a sentence for each month given here.*)

MODELL: Im Juli ist es sehr warm.

Januar	sehr	kühl
April	wirklich	schön
Juni	furchtbar	warm
August		windig
Oktober		heiß
		neblig
		wolkig
		heiter

1. _____

2. _____

3. _____

4. _____

5. _____

G. Die Feiertage. Setze die fehlenden Wörter ein. (HINT: *Fill in the missing holidays and celebrations.*)

Muttertag Geburtstag

Valentinstag

Silvester

Karneval

1. Einmal im Jahr feiert jeder Mensch seinen _____.

2. Wir begrüßen das neue Jahr an _____.

3. Im Februar beginnt der _____.

4. Außerdem ist im Februar auch der Tag der Verliebten, der _____.

5. Unseren Müttern schenken wir im Mai Blumen. Diesen Tag nennen wir _____.

STRUKTUREN

• •

A. Fragen und Antworten. Schreibe die Personalpronomen in die Tabelle. (HINT: *You will hear a series of questions and answers. Write down the subject and object pronoun you hear in each response.*)

Du hörst: A: Wie findest du den Film „Titanic"?
            B: Ich finde ihn sehr langweilig.
Du schreibst: ich / ihn

SUBJEKT	OBJEKT
1. _____	_____
2. _____	_____
3. _____	_____
4. _____	_____
5. _____	_____
6. _____	_____

B. Wie findest du das? (HINT: *What do you think about that? You will be asked how you like certain things and persons. Use personal pronouns in your answers.*)

Du hörst: Wie findest du das Kostüm?
Du liest: das Kostüm / interessant
Du sagst: Ich finde es interessant.
Du hörst: Ich finde es auch interessant.

1. das Oktoberfest / lustig
2. der Valentinstag / romantisch
3. der Januar / kalt
4. die Küche / gemütlich
5. der Lehrer / nett
6. die Kinder / lustig
7. die Lehrerin / tolerant
8. das Klavier / toll
9. Feste und Feiertage / schön

C. Wofür braucht man diese Sachen? (HINT: *When does one use these things? What things are for which holiday?*)

Du siehst:

Du hörst: Wofür brauchst du Blumen?
 Du liest: der Muttertag
Du sagst: Die Blumen sind für den Muttertag.
Du hörst: Die Blumen sind für den Muttertag.

---

der Valentinstag
Silvester   der Karneval
der Vatertag
        der Geburtstag
der Muttertag

---

1.    2.   3.

4.    5.

D. Was machst du gern? (HINT: *What do you like to do? Answer the questions using the cues provided.*)

Du hörst: Was machst du gern am Wochenende?
 Du liest: hören: klassisch / Musik
Du sagst: Ich höre gern klassische Musik.
Du hörst: Ich höre auch gern klassische Musik.

1. trinken: kalt / Wasser (*n.*)
2. trinken: frisch / Tee (*m.*)
3. sehen: lustig / Filme
4. lesen: interessant / Bücher
5. sehen: toll / Feuerwerke

E. Der nervende Freund. Alban nervt seinen Freund Thomas mit vielen Fragen. Ergänze die Personalpronomen. (HINT: *Alban is getting on his friend's nerves by asking too many questions. Fill in the suitable personal pronouns.*)

ALBAN: Kennst du meinen Vater?

THOMAS: Nein, ich kenne _____ nicht.

ALBAN: Kennst du meine Mutter?

THOMAS: Nein, ich kenne _____ auch nicht.

ALBAN: Kennst du meine Großeltern?

THOMAS: Nein, ich kenne _____ auch nicht.

ALBAN: Wie findest du mein neues Auto?

THOMAS: Ich finde _____ sehr sportlich.

ALBAN: Wie findest du mich?

THOMAS: Ich finde _____ ziemlich langweilig. Du stellst so blöde Fragen!

F. Danielas Reise nach Italien. Schreibe die passenden Präpositionen in die Lücken. (HINT: *Fill in the blanks with a suitable preposition from the list below.*)

1. Daniela und ihre Freunde fahren im Winter _____ die Schweiz nach Italien.

2. Sie fahren nicht _____ die Alpen _____, sondern _____ einen Tunnel, den San Bernardino-Tunnel.

3. Daniela fährt _____ Pause, denn in dem Tunnel darf man nicht stoppen.

4. Danielas Eltern sind _____ die Reise nach Italien, denn sie haben Italien nicht gern.

5. Aber Daniela bringt aus Italien Geschenke _____ ihre Eltern mit.

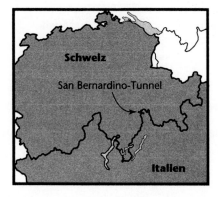

G. Sätze. Du bist Marion. Schreibe mit jedem Ausdruck einen ganzen Satz. (HINT: *Use each of the phrases below to write a complete sentence in Marion's voice.*)

1. für meinen Freund:

   _____

   _____

2. ohne meine Eltern:

   _____

   _____

3. um die Stadt herum:

   _____

   _____

4. gegen meinen Bruder:

   _____

   _____

5. durch den Park:

   _____

   _____

H. Sibylles Jahr. Ergänze die Lücken mit Adjektiven aus der Liste und vergiss dabei nicht die Endungen. (HINT: *Select an adjective from the list to complete each sentence. Don't forget to add the correct ending each time.*)

> möbliert   lustig
>
> schön   laut
>
> toll   freundlich

1. Am Valentinstag bekommt Sibylle _____ Blumen.

2. Beim Oktoberfest hört Sibylle _____ Musik.

3. Im Karneval trägt Sibylle oft _____ Kostüme.

4. An Silvester sieht Sibylle _____ Feuerwerke.

5. Im neuen Jahr sucht Sibylle ein Zimmer. Sie schreibt eine Kleinanzeige (*classified ad*):

   „_____ Studentin sucht _____ Zimmer."

AUSSPRACHE

The Consonants *r* and *l*

A. The Consonant *r*. The German **r** is trilled or rolled either with the tip of the tongue in the front of the mouth or by pushing air past the uvula in the back of the mouth, making the uvula vibrate. This sound is similar to the sound of gargling. Compare the American *r* and the German **r**.

Listen and repeat.

> *rice*/**R**eis
> *rose*/**R**ose
> *bar*/Ba**r**
> *arm*/A**r**m

German **r**.

Listen and repeat.

> rot
> rauchen
> **R**ezept
> Brief
> Freund
> grün
> trinken
> Uhren
> Türen
> Herren
> Irene
> Marion
> Arm
> Berlin

The **r** after a vowel at the end of a syllable or word is usually not trilled or rolled but rather pronounced with an "**r**-coloring," shifting toward an **a** sound.

Listen and repeat.

> Mutter
> Uhr
> Tür
> Berge
> schwer
> Urlaub

Satzbeispiele. Listen and repeat.

1. Herr Rau braucht ein Radio und einen Regenschirm.
2. Renate hat ein großes Haus mit Garten und Garage.
3. Dein Vater, deine Mutter, dein Bruder und deine Schwester gratulieren zum Geburtstag.
4. Grün, Grau, Rot und Orange sind Farben.
5. Frau Renner braucht dreißig Schreibtische.

Million
Milliard
Billion

B. The Consonant *l*. Americans usually pronounce an *l* from the back of the mouth with the tongue raised and the lips relaxed. (It is also referred to as a "dark l.") The German **l** is pronounced with the tongue flat and its tip touching the rear of the upper front teeth. The lips are not relaxed. (It is also referred to as the "clear l.") Listen to the difference between the American *l* and the German **l**.

Listen and repeat.

> *land* / Land
> *learn* / lernen
> *old* / alt
> *false* / falsch

German **l**.

Listen and repeat.

> laufen
> lesen
> Lehrerin
> Film
> Bild
> Lehmann
> Enkel
> viel
> Blatt
> Klasse
> Fleisch
> wo**ll**en
> schlafen
> Fußba**ll**

Satzbeispiele. Listen and repeat.

1. Der Lehrer und die Lehrerin lesen.
2. Herr Lehmann lernt Latein.
3. Fußball ist langweilig.
4. Lindau liegt in Deutschland.
5. Laura liest ein tolles Buch über Luther.

© 2000 WGBH Educational Foundation and CPB

EINBLICKE

· ·

A. Hör mal zu! Schreibe die Zahlen auf, die du hörst. Kreuze an, ob jede Zahl ein Jahr oder eine Uhrzeit ist. (HINT: *Listen to the information about Liechtenstein and write down the numbers you hear. Indicate whether each number is a year [**JAHR**] or a time of day [**UHRZEIT**].*)

Du hörst: Das Volksfest im autofreien Städtle beginnt um vierzehn Uhr.
Du schreibst: 14.00
Du kreuzt an: UHRZEIT

		JAHR	UHRZEIT
1.	_____	☐	☐
2.	_____	☐	☐
3.	_____	☐	☐
4.	_____	☐	☐
5.	_____	☐	☐
6.	_____	☐	☐

B. Das Fürstentum Liechtenstein. Lies den Text über Liechtenstein und stelle dann Fragen, die du noch hast. (HINT: *Read the following passage about Liechtenstein, and then write down six unanswered questions you still have about the country or its history.*)

Staatsfeiertag im Fürstentum Liechtenstein

Das Fürstentum Liechtenstein ist mit 162 km2 und etwa 31 000 Einwohnern eins der kleinsten Länder in Europa. Liechtenstein gibt es seit 1719, und das Land ist seit 1806 eine souveräne Monarchie. Der Fürst Hans-Adam II. von und zu Liechtenstein regiert zusammen mit dem Volk sein kleines Land. Jedes Jahr im August feiert man in Liechtenstein den Staatsfeiertag.

1. Wer _____

_____?

2. Wer _____

_____?

3. Was _____

_____?

4. Was _____

_____?

5. Wann _____

_____?

6. Wann _____

_____?

C. Staatsfeiertag im Fürstentum Liechtenstein. Lies das Programm vom Staatsfeiertag 1998 und beantworte dann die Fragen! (HINT: *Read the following information about Liechtenstein and its national holiday, and then answer the questions that follow.*)

Der Staatsfeiertag

am Samstag, den 15. August,

bietet Unterhaltung und Spass für jung und alt . . .

10.45	Seine Durchlaucht Hans-Adam von und zu Liechtenstein eröffnet das Fest
11.20	Landeshymne und Aperitif für die ganze Bevölkerung am Schloss Vaduz
14.00	Das Volksfest im autofreien Städtle Vaduz beginnt
21.15	Höhenfeuer auf Tuass
22.00	Grosses Feuerwerk

Schlechtwetterprogramm

Bei schlechtem Wetter ist das Vormittagsprogramm im Vaduzer Saal. Das Nachmittags- und Abendprogramm läuft auch bei schlechtem Wetter programmgemäss.

1. Wer eröffnet das Fest? _____

   _____

2. Wo gibt es einen Aperitif? _____

3. Wann beginnt das Volksfest im Städtle Vaduz? _____

4. Wann ist das Feuerwerk? _____

5. Wo ist das Schlechtwetterprogramm für den Vormittag? _____

PERSPEKTIVEN

• •

Hör mal zu!

A. Oktoberfest oder Wurstmarkt? Hör zu und ergänze die Sätze! Du hörst den Text zweimal. (HINT: *Listen to the selection and complete the sentences below. You will hear the selection twice.*)

Jedes Jahr im _____[1] und Oktober fahren Menschen aus aller Welt nach

München zum _____.[2] Ich nicht. Ich fahre lieber mit meiner Familie nach

Bad Dürkheim zum _____.[3]

Das Oktoberfest gibt es erst seit etwas mehr als _____[4] Jahren. Den

Wurstmarkt feiert man schon über _____[5] Jahre.

In kleinen Zelten sitzt man gemütlich zusammen und genießt traditionelles Pfälzer Essen—vor

allem Wurst. Mein _____[6] und ich finden die kleinen Zelte viel

angenehmer und gemütlicher als die beim Oktoberfest in München.

Meine Kinder, Andreas und Christoph, möchten immer gleich zum Vergnügungspark

_____.[7] Sie _____[8] so gern mit dem Riesenrad

und der Achterbahn. Dort gibt es immer die neuesten Attraktionen und viele Buden mit Süßigkeiten.

Der Wurstmarkt in Bad Dürkheim wird Anfang September gefeiert—etwas früher als das

Oktoberfest. Das _____[9] ist dann meistens noch schön. Am

_____[10] ist es angenehm warm und die Nächte sind nicht zu kühl.

Lies mal!

Woher kommt die Karnevalstradition?

Alles beginnt bei den Germanen. In der germanischen Mythologie stehen Wodan und Freya im Kampfe miteinander. Wodan ist das Symbol des Winters, der alles Leben in der Natur aufhält. Freya oder Frigga ist die Mutter der Erde, die Nahrung und Sommer symbolisiert.

Beide Gottheiten haben ihre besonderen Feste. Zur Wintersonnenwende verehrt man Wodan; die Frühlingsfeste sind der Göttin Freya gewidmet. Spuren dieser alten Feste kann man noch heute finden: zum Beispiel im Karneval. Viele Karnevalsfanatiker wissen jedoch gar nichts über die germanischen Götter.

Der Einfluss der Römer zeigt sich in der Veränderung vieler germanischer Feste. So auch im Karneval: Der heutige Karneval ist eine Mischung aus einem germanischen Frühlingsfest und anderen römischen Bräuchen. In der Fastnacht sehen wir Symbole von der Göttin Freya als militärische Führerin, zum Beispiel die vielen Wagen, die Masken und die Musik.

In den alten Festen versteckte man sein Gesicht hinter Masken, um sich vor den Dämonen zu verstecken und zu schützen. Diese Masken sollten allerdings auch so grauenhaft und erschreckend aussehen, um die Geister zu vertreiben.

Heute spricht man von Karneval, Fasching oder Fastnacht. Die Masken und Kostüme sind manchmal noch erschreckend, oft aber auch lustig und einfach kreativ.

Wortschatz zum Lesen

aufhalten	*to stop*
die Nahrung	*food*
verehren	*to worship*
die Spur	*trace*
der Einfluss	*influence*
der Brauch	*custom; tradition*
verstecken	*to hide*
schützen	*to protect*
erschreckend	*scary*
vertreiben	*to drive away*

B. Zum Text. Welche Fragen und Antworten passen zusammen? (HINT: *Match the questions on the left with the appropriate responses on the right.*)

1. __C__ Kommt die Karnevalstradition aus der römischen Mythologie?

2. __e__ Was symbolisieren die germanischen Götter Wodan und Freya?

3. __d__ Wen verehrt man zur Wintersonnenwende?

4. __f__ Wann feiern die Germanen die Mutter der Erde?

5. __b__ Wer oder was hatte großen Einfluss auf die Feste der Germanen?

6. __h__ Was ist Karneval?

7. __a__ Was sind andere Namen für „Karneval"?

8. __g__ Wie sind Karnevalsmasken und -kostüme heute?

a. Karneval heißt auch Fasching oder Fastnacht.

b. Römische Bräuche beeinflussten die germanischen Feste.

c. Nein, sie kommt aus der germanischen Mythologie.

d. Bei der Wintersonnenwende feiert man Wodan.

e. Wodan, der Gott des Winters, bringt die Natur zum Stehen. Freya, die Mutter der Erde, steht für Leben, Nahrung und Sommer.

f. Die Göttin Freya wird in Frühlingsfesten gefeiert.

g. Die Masken und Kostüme sind heute manchmal noch erschreckend, aber oft sind sie lustig und kreativ.

h. Fasching oder Karneval ist eine Mischung aus römischen Bräuchen und einem germanischen Frühlingsfest.

C. Welche anderen Feste gibt es? Wer feiert? Wie feiert man dieses Fest? Wo feiert man es und wann? Gibt es verschiedene Traditionen in verschiedenen Familien, Landesteilen, Ländern oder Kulturgruppen? Was passt noch in die Tabelle? (HINT: *Add other festivals you know about to the table below.*)

Das Fest:	Wer?	Wann?	Wo?	Tradition
Karneval	Familie und Freunde	Frühling	Deutschland, die Schweiz, Österreich, Rio, New Orleans	Kostüme, Partys, Tanz
Oktoberfest	Familie und Freunde	Herbst	Deutschland, U.S.A.	Bier, Partys, Sing
Silvester	Familie und Freund. Menschen auf der Strasse.	Winter	Die Welt	Feuerwerke Partys auf der Strasse.
Vatertag	Familie, kinder und Eltern	Sommer	Die Welt	Kinder geben Geschenke zu ihrem Vater.

Schreib mal!

D. Das Faschingsfest. Alle Schüler und Studenten einer Klasse planen ein Faschingsfest. Was gibt es auf diesem Fest? Wer kommt auf das Fest? Wie sehen die Kostüme aus? Beschreibe wer auf das Fest kommt, die Kostüme der Gäste, die Musik und das Essen. (HINT: *Describe a Fasching party: the guests, the costumes, the music, the food.*)

_____

_____

_____

_____

_____

_____

_____

_____

_____

_____

_____

E. Das beste Faschingskostüm. Beschreibe ein Faschingskostüm, ohne den Namen des Kostüms zu nennen. Die anderen Schüler und Studenten müssen raten, was es ist. (HINT: *Describe a Fasching costume without saying what it represents. Try to describe it well enough so that your classmates can guess what creature or character it represents.*)

_____

_____

_____

_____

_____

_____

_____

_____

_____

_____

KAPITEL 6 DER UNFALL

VIDEOTHEK

• •

A. Vera, Rüdiger, Marion, Heinz oder der Taxifahrer? Markiere, wer was sagt. (HINT: *Mark who says what.*)

Vera—V   Rüdiger—R   Marion—M   Heinz—H   der Taxifahrer—T

1. __H__ Warum fährt sie auch immer auf dem Motorrad mit!

2. __M__ Also ist es doch besser, wenn ich nach Köln ziehe.

3. __R__ Oh Mann!

4. __M__ Oh, vielen Dank . . .

5. __H__ Koslowski. Nachbarn haben uns benachrichtigt.

6. __R__ Wir wissen noch gar nichts.

7. __T__ Sie haben Ihre Blumen vergessen.

8. __M__ Versteh' ich nicht. Rüdiger fährt doch immer so vernünftig.

B. Wer hat Angst? In welcher Reihenfolge hörst du die Aussagen? Nummeriere sie von 1–7. (HINT: *Who's afraid? Number the statements in the correct order from 1–7.*)

a. ____ Ich mache mir Sorgen, wenn meine Eltern krank sind oder wenn meine Großmutter in das Krankenhaus muss.

b. ____ Ich habe Angst, wenn ich krank werde und ich ins Krankenhaus muss.

c. ____ Wenn ich Ski fahren gehe, hab ich manchmal Angst, weil ich in zwei Unfällen beteiligt war.

d. ____ Ich habe Angst, wenn ich ein Gewitter höre und wenn ich Blitze sehe und Donner höre.

e. ____ Und alles was irgendwie mit Krankenhaus zu tun hat, macht mich irgendwie ein bisschen nervös.

f. ____ Deutsche Krankenhäuser sind so ähnlich wie amerikanische Krankenhäuser. Aber ins Krankenhaus gehen, das ist ein Horror für mich.

g. ____ Ich habe Angst beim Zahnarzt vor dem Bohrer. Ich hasse das Geräusch.

C. Stimmt das oder stimmt das nicht? Markiere JA oder NEIN. (HINT: *Mark these statements yes [JA] or no [NEIN].*)

		JA	NEIN
1.	Vera will mit Ruth Mertens in Urlaub gehen.	☑	☐
2.	Ruth Mertens zieht nach Köln.	☐	☑
3.	Rüdiger und Marion hatten einen Motorradunfall.	☑	☐

VOKABELN

 A. Zwei Patienten unterhalten sich. Was ist los? Markiere die richtigen Antworten. (HINT: *Herr Hübler and Frau Christensen are talking about their illnesses and symptoms. Listen to their conversation, and then mark what's wrong with each person.*)

	HERR HÜBLER	FRAU CHRISTENSEN
das Bein	☐	☐
das Fieber	☐	☐
der Bauch	☐	☐
der Hals	☐	☐
der Husten	☐	☐
der Kopf	☐	☐
der Rücken	☐	☐
die Erkältung	☐	☐
die Grippe	☐	☐
die Hand	☐	☐
die Nase	☐	☐
die Schulter	☐	☐

B. Krankengymnastik. Schreibe auf, was du bei der Krankengymnastik machen musst. (HINT: *A physical therapist is leading an exercise class at the hospital. Complete the instructions with the words you hear.*)

1.   2.   3.   4.   5.

1. Hebe die ___Schultern___ fünf Mal auf und ab.

2. Laufe eine Minute auf der Stelle. Das lockert die Muskeln am __Beine__.

3. Bewege deinen ___Kopf___ zehn Mal nach vorne und nach hinten.

4. Hebe die _____ hoch. Nun lege die _____ auf den Boden.

5. Nun strecke die _____ aus und halte den _____ gerade.

C. Wie sieht er aus? Fritz kommt vom Planeten Venus. Beschreibe sein Aussehen in sechs Sätzen. (HINT: *Fritz is from the planet Venus. Describe his appearance in six sentences.*)

1. _Fritz hat zwei Köpfe mit Haar._

2. _Er hat auch vier Augen, vier Ohren, zwei Nasen und zwei Münder._

3. _Es gibt ein Hals für ein Kopf._

4. _Fritz hat zwei Füsse, und drei Arme._

5. _Es gibt vier Finger in eine Hand._

6. _Er ist sehr hässlich, und er ist froh._

D. Was ist richtig? Kreuze die richtige Antwort an. (HINT: *Mark the appropriate completion for each sentence.*)

1. Mit _b_ misst die Ärztin das Fieber.
   a. dem Rezept
   b. dem Thermometer

2. _a_ gibt eine Spritze.
   a. Der Arzt
   b. Der Patient

3. _b_ gibt dem Patienten Medikamente.
   a. Der Krankenwagen
   b. Die Krankenpflegerin
   c. Der Notfall

4. _b_ arbeitet im Krankenhaus.
   a. Die Patientin
   b. Der Krankenpfleger

5. _a_ untersucht die Wunde.
   a. Die Ärztin
   b. Die Gesundheit
   c. Der Patient

E. Wann, aber, und, wenn. Wann benutzt du das? (HINT: *Choose the right conjunction or question word to complete each sentence.*)

1. Brigitte hat eine Erkältung, _____ sie muss im Bett liegen.

2. Es ist eine schlimme Erkältung, _____ sie muss nicht ins Krankenhaus.

3. _____ hast du Husten?

4. _____ ich erkältet bin.

5. _____ gehst du zum Arzt?

6. _____ ich Bauchschmerzen habe.

F. Mein bester Freund / Meine beste Freundin. Beschreibe einen Freund oder eine Freundin in fünf Sätzen. Benutze dazu die Vokabeln aus diesem Kapitel. (HINT: *Describe your best friend [or another friend of yours] in five sentences. Use the vocabulary from this chapter.*)

1. _____

   _____

2. _____

   _____

3. _____

   _____

4. _____

   _____

5. _____

   _____

Name _____ Datum _____ Klasse _____

STRUKTUREN

•••

A. Dieter ist krank. Schreibe die Infinitive der Modalverben. (HINT: *You will listen to Dieter giving a detailed description of his health condition. Write down the infinitives of the modal verbs you hear.*)

Du hörst: Ich muss zum Arzt gehen.
Du schreibst: müssen

1. _____

2. _____

3. _____

4. _____

5. _____

6. _____

B. Was macht man, wenn man krank ist? (HINT: *What do you do if you are sick?*)

Du hörst: Was macht man, wenn man krank ist?
Du liest: sollen / zum Arzt gehen
Du sagst: Man soll zum Arzt gehen.
Du hörst: Ja, man soll zum Arzt gehen.

Man:

1. müssen / ins Krankenhaus fahren   muss
2. sollen / ein Thermometer holen   soll
3. können / eine Spritze bekommen   kann
4. dürfen / viel Eis essen   darf
5. wollen / nicht aus dem Haus gehen   will
6. müssen / sich immer die Nase putzen   muss

C. So bleibt man gesund. Ein Arzt gibt Gesundheitstipps. Ergänze die Lücken. (HINT: *Listen to a doctor giving advice for a healthy life, and fill in the blanks.*)

Man ___soll___[1] viel schlafen. Körper und Geist ___können___[2] sich regenerieren, wenn man täglich acht Stunden schläft. Man ___soll___[3] auch auf das Gewicht achten und der Blutdruck und das Cholesterin ___dürfen___[4] nicht zu hoch sein. Für die Bewegung ___sollen___[5] alle Menschen jeden Tag Sport machen: sie ___sollen___[6] zum Beispiel laufen oder schwimmen. Aber auch mit Gymnastik und Tanzen ___kann___[7] man fit und gesund bleiben.

D. Freundschaftstipps. Jetzt gibst du die Tipps an einen Freund oder eine Freundin weiter. (HINT: *Now pass along these health tips to a friend.*)

Du hörst: Man soll viel schlafen.
Du sagst: Du sollst viel schlafen.
Du hörst: Und du? Du sollst auch viel schlafen!

1. ... 2. ... 3. ... 4. ... 5. ... 6. ...

E. Was darf man hier nicht machen?
(HINT: *What is one not allowed to do here?*)

spielen
parken
schnell fahren
rauchen
schwimmen

MODELL: Hier darf man nicht rauchen.

1. Hier darf man nicht schnell fahren.

2. Hier darf man nicht spielen.

3. Hier darf man nicht parken.

4. Hier darf man nicht schwimmen.

F. Robinson Crusoe. Du bist auf einer einsamen Insel. Was kannst du auf der Insel machen? Was kannst du nicht machen? Schreibe eine Liste! (HINT: *Imagine yourself stranded on a desert island. Make a list of things that you can do, then a list of things that you can't do.*)

Üben

Anglers – fisherman
Angeln → to fish german
Ich angle

MODELL: Ich kann lange spazieren gehen.
Ich kann keine Wohnung mieten.

Was ich machen kann:

Ich kann Fisch essen.
Ich kann schwimmen.
Ich kann allein singen.
Ich kann schlafen.

Was ich nicht machen kann:

Ich kann nicht fernsehen.
Ich kann keine Schokolade essen.
Ich kann nicht zu dem Krankenhaus gehen.   * *nicht before last word*
Ich kann kein Klavier spielen.

G. Bleibt gesund. Wie bleiben diese Leute gesund? (HINT: *What should these people do to stay healthy? Write complete sentences.*).

Du liest: Bärbel: jeden Tag eine Stunde spazieren gehen / sollen
Du schreibst: Bärbel soll jeden Tag eine Stunde spazieren gehen.

1. Heinz: jeden Tag eine Stunde laufen / müssen

   Heinz muss jeden Tag eine Stunde laufen.

2. Monika: nicht rauchen / dürfen

   Monika darf nicht rauchen.

3. Kurt und Angelika: viel schlafen / sollen

   Kurt und Angelika sollen viel schlafen.

4. wir: viel Obst und Gemüse essen / sollen

   Wir sollen viel Obst und Gemüse essen.

5. ihr: viel Wasser trinken / müssen

   Ihr müsst viel Wasser trinken.

6. ich: mehr zu Fuß gehen / wollen

   Ich will mehr zu Fuss gehen

7. du: jeden Tag einen Kilometer Fahrrad fahren / können

   Du kannst jeden Tag einen Kilometer Fahrrad fahren.

H. Im Krankenhaus. Schreibe Sätze mit der Information aus der Tabelle. (HINT: *Write sentences using the information from the table below.*)

	müssen	sollen	können	müssen	dürfen	wollen
die Ärztin	die Patienten untersuchen					
die Patientin		den Mund aufmachen				
die Kranken-pfleger			den Patienten Spritzen geben			
du				dir die Nase putzen		
wir					im Krankenwagen mitfahren	
ihr						wieder nach Hause gehen

1. Die Ärztin muss die Patienten untersuchen.
2. Die Patientin soll den Mund aufmachen
3. Die Krankerpfleger können den Patienten Spritzen geben.
4. Du musst dir die Nase putzen.
5. Wir dürfen im Krankenwagen mitfahren.
6. Ihr wollt wieder nach Hause gehen.

I. Gute Vorsätze. Schreibe, was du machen kannst / musst / willst / sollst, um gesund und fit zu bleiben. (HINT: *Write what you can / have to / want to / should do to stay healthy and fit. Use each modal verb once.*)

1. Ich kann viel gemüse essen.
2. Ich muss viel schlafen.
3. Ich will Fussball spielen.
4. Ich soll nicht rauchen.

AUSSPRACHE

• •

The Consonants *s* and *z*

A. The letter *s.* When the letter **s** precedes a vowel or appears between two vowels, it is voiced, or pronounced, like the English *z.*

Listen and repeat.

> sehen
> sieben
> Sohn
> sehr
> suchen
> lesen
> Häuser
> Musik

If the letter **s** does not precede a vowel, or is doubled, it is not voiced. It is pronounced like the *s* in the English name *Sam.*

Listen and repeat.

> was
> das
> Haus
> aus
> Adresse
> essen
> Sessel
> müssen

The letter **ß** ("ess tsett") is pronounced like a double **s.**

Listen and repeat.

> Straße
> Grüße
> heißen
> groß
> Spaß
> Gruß

Satzbeispiele. Listen and repeat.

1. Wir sollen sieben Semmeln essen.
2. Wie ist deine Adresse? Sommergasse 777.
3. Samstag und Sonntag sind wir in Sachsenhausen.
4. Die Söhne heißen Samuel und Astor.

B. The letter z. In German, the letter **z** is pronounced like the *ts* in the English word *nuts* or the *zz* in *pizza*.

Listen and repeat.

> **Z**ahn
> **z**ehn
> **z**wölf
> **z**eigen
> **Z**immer
> **z**umachen
> Mo**z**art
> tan**z**en
> An**z**ug
> Schmer**z**
> Spri**tz**e
> pu**tz**en

Satzbeispiele. Listen and repeat.

1. Ich zeige Ihnen das Zimmer im zwölften Stock.
2. Um zehn Uhr gehen wir in Zuzenhausen tanzen.
3. Der Zoo macht um zehn Uhr zu.
4. Bei Zahnschmerzen muss man zum Zahnarzt gehen.

Contrasts: **s** and **z.**

Listen and repeat.

> **s**ehen/**z**ehn
> **s**eit/**Z**eit
> **S**ommer/**Z**immer *— room*
> **s**o/**Z**oo
> **z**umachen/**s**uchen
> **Z**ehen/**s**ehen
> **z**ahlen/**S**aale *— room*
> tan**z**en/**Fr**an**s**en
>   ↓ *name*

EINBLICKE

• •

A. Ein Führerschein. So sieht der neue EU-Führerschein aus. Welche Informationen findet man auf dem Führerschein? (HINT: *This is what the new EU-driver's license looks like. What information do you find on the driver's license? Which categories below correspond to the numbered information on the license?*)

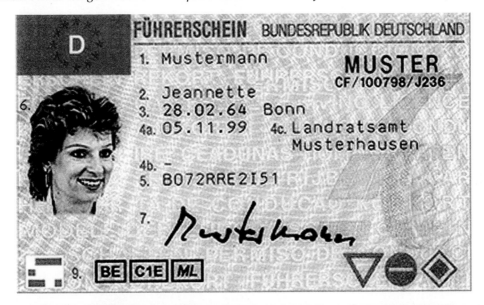

Wortschatz zum Führerschein

die Ausstellung	*issue, issuance*	die Unterschrift	*signature*
die Behörde	*agency*	die Erlaubnis	*permission*
das Lichtbild	*photograph*	gültig	*valid*
der Inhaber	*bearer*		

Unterschrift des Inhabers

Name

Lichtbild des Inhabers

Name der Ausstellungsbehörde

Klassen, für die die Fahrerlaubnis gültig ist

Vorname

Ausstellungsdatum der Karte

Nummer des Führerscheins

Geburtsdatum und -ort

1. _____

2. _____

3. _____

4a. _____

4b. [*This number is reserved for the expiration date. The German version of the European driver's license has no expiration date.*]

4c. _____

5. _____

6. _____

7. _____

8. [*This number does not appear on the German version of the European driver's license. It is reserved for the driver's residence.*]

9. _____

B. Vergleich mal. Welche von diesen Informationen stehen auf einem Führerschein aus deinem Bundesstaat? Welche nicht? (HINT: *Which of these pieces of information would you find on a driver's license in your state? Which do not appear there?*)

_____

_____

_____

_____

_____

C. Stimmt das oder stimmt das nicht? Ernährung: Markiere JA oder NEIN. (HINT: *Nutrition: Listen to the following passage. Mark the statements below yes [JA] or no [NEIN].*)

Wortschatz zum Hörtext			
die Ernährung	*nutrition*	die Kohlenhydrate	*carbohydrates*
das Baumaterial	*building material*	der Eiweiß	*protein*
die Nahrung	*food*	die Verdauung	*digestion*

	JA	NEIN
1. Gesunde Ernährung ist wichtig für Jugendliche und Kinder.	☐	☐
2. Der Körper braucht kein Baumaterial.	☐	☐
3. Kohlenhydrate findet man in Spaghetti.	☐	☐
4. Eiweiß ist gut für die Muskeln.	☐	☐
5. Eiweiß findet man in Obst und Gemüse.	☐	☐
6. Vitamine findet man in Gummibärchen.	☐	☐
7. Mineralstoffe sind nicht gesund.	☐	☐

PERSPEKTIVEN

· ·

Hör mal zu!

 A. Der Polizeibericht: „Glück im Unglück". Hör zu. Was fehlt? (HINT: *Listen to the police report and fill in the missing words.*)

Am Morgen des _____[1] Juni gab es in Duisburg einen Motorradunfall. Er ereignete

sich so _____[2] 12.20 nachts. Auf der Dom_____[3] kam ein roter Porsche

an die Kreuzung Ecke Königstraße. Trotz der _____[4] Ampel fuhr der Fahrer des

Wagens einfach weiter. Der _____[5] des Motorrads auf der Königstraße sah den roten

Porsche erst sehr spät. Er versuchte dem Porschefahrer auszuweichen, _____[6] aber

nicht mehr bremsen. Es kam zu einer _____[7] Kollision. Die beiden

_____[8] Leute auf dem Motorrad wurden sofort ins Krankenhaus gebracht, kamen aber

mit einer leichten Gehirnerschütterung und jeweils einem gebrochenen _____[9] davon.

Der Porschefahrer _____[10] sich vor Gericht verantworten.

B. Wie war das noch mal? Beantworte jetzt die Fragen, die du zum Verkehrsunfall hörst, mit Hilfe des ausgefüllten Textes. (HINT: *How was that again? Answer the questions you will hear about the traffic accident, using the text you've just filled in to find the answers.*)

1. . . .
2. . . .
3. . . .
4. . . .
5. . . .

Lies mal!

„Sehnsucht nach dem Frühling"

I.

Komm, lieber Mai, und mache die Bäume wieder grün,
und lass mir an dem Bache die kleinen Veilchen blühn!
Wie möcht' ich doch so gerne ein Veilchen wieder sehn,
ach, lieber Mai, wie gerne einmal spazieren gehn!

II.

Zwar Wintertage haben wohl auch der Freuden viel,
man kann im Schnee eins traben und treibt manch Abendspiel,
baut Häuserchen von Karten, spielt Blindekuh und Pfand;
auch gibt's wohl Schlittenfahrten aufs liebe freie Land.

III.

Ach wenn's doch erst gelinder und grüner draußen wär!
Komm lieber Mai, wir Kinder, wir bitten dich gar sehr!
O komm und bring vor allem uns viele Veilchen mit,
Bring auch viel Nachtigallen und schöne Kuckucks mit.

Text von Christian A. Overbeck (1755–1821), geschrieben für eine Melodie von W.A. Mozart (1756–1791),
komponiert in Wien am 14. Januar 1791.

Wortschatz zum Text

der Bach	*brook, little stream*
blühn (= blühen)	*to bloom*
die Freude	*pleasure*
traben	*to trot (like a horse)*
der Schlitten	*sled, sleigh*
gelinder	*milder*

C. Zum Text. Schnelle Fragen und Definitionen: was ist richtig? (HINT: *Match the right answers and definitions to these questions.*)

1. Was ist ein Veilchen? ____
   a. eine kurze Pause
   b. ein Winterspiel
   c. eine kleine violette Frühlingsblume

2. Wer spricht den Text? ____
   a. die Frühlingsblumen
   b. die Kinder
   c. der Winter

3. Was ist eine Nachtigall? ____
   a. ein Vogel, der „Kuckuck" ruft
   b. ein Vogel, der eine wunderschöne Melodie singt

4. Wie spielt man Blindekuh? ____
   a. Ein Kind macht die Augen zu und muss die anderen Kinder finden.
   b. Die Eltern verstecken Schokoladenkühe in den Schuhen und die Kinder müssen sie finden.

5. Wer macht die Bäume wieder grün? ____
   a. der Mai
   b. der Winter
   c. die Kinder

6. Was kann man im Frühling machen? ____
   a. im Schnee traben
   b. im Schlitten fahren
   c. spazieren gehen

7. Welche Freuden kann man an Wintertagen haben? ____
   a. viele Nachtigallen und Kuckucks hören
   b. Häuser aus Karten machen

D. Sehnsucht nach dem Frühling. Welche Sätze fassen die Strophen des Lieds zusammen? Welches Bild passt zu welcher Strophe? (HINT: *Which summary goes with which verse of the song? Which picture goes with each verse?*)

Strophe	I	II	III
Zusammenfassung			
Bild			

ZUSAMMENFASSUNGEN
a. Wunschliste an den Mai: bitte bringe Veilchen, Nachtigallen und Kuckucks mit!
b. Bitte an den Mai, doch bald zu kommen, die Bäume wieder grün zu machen und die Veilchen blühen zu lassen.
c. Auch im Winter gibt es vieles, was Spaß macht, wie Spiele oder Schlittenfahrten im Schnee oder Blindekuh- und Kartenspiele.

BILDER

1.
2.
3.

Schreib mal!

E. **Komm, lieber . . .** Schreibe einen Brief an deinen Lieblingsmonat oder deine Lieblingsjahreszeit. Beschreibe, was dir an diesem Monat oder dieser Jahreszeit gefällt und warum du ihn oder sie vermisst. (HINT: *Taking the song by Christian Overbeck as an example, write a letter to your favorite month or season, saying why you like it so much and why you miss it.*)

Ach wenn's doch erst . . .

O komm und bring vor allem . . .

Wie möcht' ich doch so gerne . . .

Bring auch viel . . .

Komm lieber___, wir bitten dich gar sehr!

Ach, lieber___, wie gerne . . .

Man kann im/in der___ . . .

Komm, lieber___, und mache . . .

Name _____

Datum _____

Klasse _____

WIEDERHOLUNG 2

• •

VIDEOTHEK

• •

A. Zu welcher Folge gehört das? (HINT: *Listen to the following excerpts from the video and match them with the appropriate episode.*)

	„Der Umzug nach Köln"	„Das Karnevalsfest"	„Der Unfall"
1.			
2.			
3.			
4.			
5.			
6.			
7.			

B. Stimmt das oder stimmt das nicht? Markiere JA oder NEIN. (HINT: *Mark the following statements yes [JA] or no [NEIN], according to the video.*)

		JA	NEIN
1.	Marion und Lars bleiben in Rheinhausen.	☐	☐
2.	Heinz Koslowski schenkt seinem Nachbarn Karl die Tauben.	☐	☐
3.	Heinz Koslowski arbeitet als Hausmeister in Köln.	☐	☐
4.	Die Karnevalsparty hört auf, weil es anfängt zu regnen.	☐	☐
5.	Der Taxifahrer verkauft für DM 11,80 Blumen im Taxi.	☐	☐
6.	Marion hat eine leichte Gehirnerschütterung (*concussion*).	☐	☐
7.	Die Familie Koslowski will in den Urlaub fahren.	☐	☐

VOKABELN

 A. Was sagst du? (HINT: *What do you say? Choose the best response for each of the statements you hear.*)

Du hörst: Ich feiere heute Muttertag.
Du sagst: Alles Gute!
Du hörst: Ja, zum Muttertag sagt man „Alles Gute!"

1. . . .   2. . . .   3. . . .   4. . . .   5. . . .

 B. Stimmt das oder stimmt das nicht? Stefan beschreibt seine Wohnung und die Umgebung. Hör zu und markiere JA oder NEIN. (HINT: *Listen as Stefan describes his apartment and surroundings. Mark the statements yes [JA] or no [NEIN].*)

		JA	NEIN
1.	Er wohnt in einer Großstadt in Bayern.	☐	☐
2.	Er hat eine große Neubauwohnung.	☐	☐
3.	Stefan sieht die Berge von seiner Wohnung aus.	☐	☐
4.	Er hat einen Garten.	☐	☐
5.	Seine Wohnung liegt in der Nähe von einem Supermarkt.	☐	☐
6.	Er wohnt mit seinem Bruder zusammen.	☐	☐

C. Die Jahreszeiten. Vier verschiedene Monate sind in jeweils zwei Jahreszeiten. Fülle die Jahreszeiten ein. (HINT: *There are four different months that straddle the seasons. Fill in the seasons that go with these straddling months.*)

der Frühling
der Winter
der Herbst
der Sommer

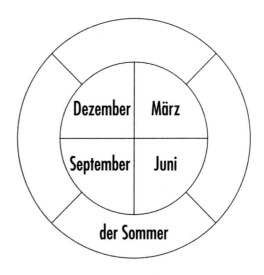

D. So ein Wetter! In welcher Jahreszeit kommt dieses Wetter? Schreibe die Jahreszeit auf. (HINT: *Write the name of the season that is most likely to have each kind of weather.*)

1. Es regnet, und es ist kalt. _____

2. Die Sonne scheint, und es ist heiß. _____

3. Die Sonne scheint, und es ist heiter und warm. _____

4. Es schneit, und es ist kalt. _____

E. Parallelen. Setze das richtige Wort ein. (HINT: *Choose the word that makes the following relationships parallel.*)

1. der Arm: die Hand = das Bein: ____
   a. der Finger   b. der Fuß   c. die Schulter

2. der Kopf: der Mund = der Mund: ____
   a. die Füße   b. die Haare   c. die Zähne

STRUKTUREN

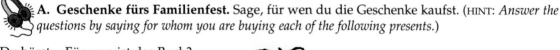

A. Geschenke fürs Familienfest. Sage, für wen du die Geschenke kaufst. (HINT: *Answer the questions by saying for whom you are buying each of the following presents.*)

Du hörst: Für wen ist das Buch?
Du sagst: Es ist für den Bruder.
Du hörst: Es ist für den Bruder.

1. die Großmutter
2. die Tante
3. der Cousin
4. die Eltern
5. das Kind
6. der Onkel

B. Was machen diese Leute heute? Hör zu und beantworte die Fragen. (HINT: *What are these people going to do today? Listen and answer the questions.*)

Du hörst: Was macht Birgit heute?
Du liest: Birgit: müssen / Blumen kaufen
Du sagst: Birgit muss Blumen kaufen.
Du hörst: Birgit muss Blumen kaufen.

1. Hans: sollen / eine Wohnung mieten
2. Ulla: müssen / die Miete bezahlen
3. Kim und Christian: dürfen / Tennis spielen
4. Frau Schimanski: können / im Wald wandern
5. wir: können / mit der Straßenbahn fahren
6. Herr Schimanski: wollen / ins Konzert gehen

C. Kulturreisen durch Deutschland. Sieh dir das Kulturprogramm für die Woche vom 16.–22. November an. Schreibe ein **S** neben die Städte, wo Frau Schwaabe etwas sehen kann. Schreibe ein **F** neben die Städte, wo Frau Fuchs etwas sehen oder hören kann. Schreibe auch deine Initialen neben die Städte, wo du etwas gut findest. (HINT: *Read the following cultural calendar and the information below. Put an **S**, for **Frau Schwaabe,** or an **F**, for **Frau Fuchs,** next to the cities where there might be an event they could enjoy. Put your own initials next to the cities where you might enjoy the events.)*

DIE WOCHE VOM 16. BIS 22. NOVEMBER

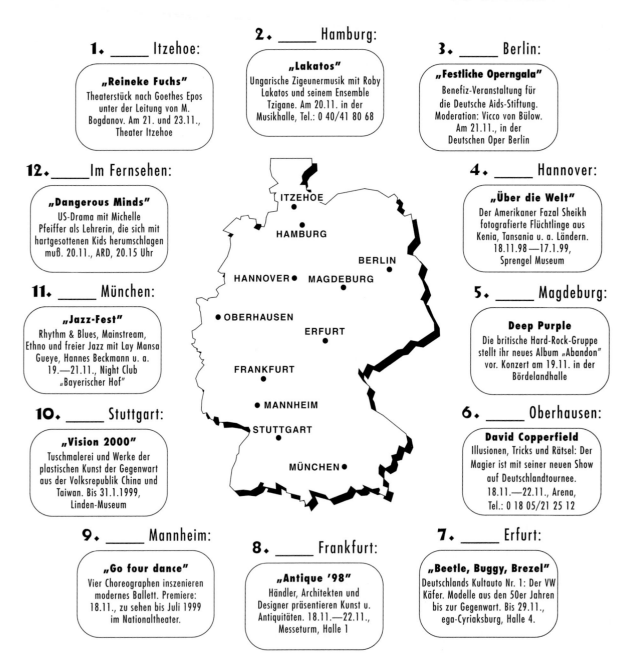

1. _____ Itzehoe:

„Reineke Fuchs"
Theaterstück nach Goethes Epos unter der Leitung von M. Bogdanov. Am 21. und 23.11., Theater Itzehoe

2. _____ Hamburg:

„Lakatos"
Ungarische Zigeunermusik mit Roby Lakatos und seinem Ensemble Tzigane. Am 20.11. in der Musikhalle, Tel.: 0 40/41 80 68

3. _____ Berlin:

„Festliche Operngala"
Benefiz-Veranstaltung für die Deutsche Aids-Stiftung. Moderation: Vicco von Bülow. Am 21.11., in der Deutschen Oper Berlin

12. _____ Im Fernsehen:

„Dangerous Minds"
US-Drama mit Michelle Pfeiffer als Lehrerin, die sich mit hartgesottenen Kids herumschlagen muß. 20.11., ARD, 20.15 Uhr

4. _____ Hannover:

„Über die Welt"
Der Amerikaner Fazal Sheikh fotografierte Flüchtlinge aus Kenia, Tansania u. a. Ländern. 18.11.98 —17.1.99, Sprengel Museum

11. _____ München:

„Jazz-Fest"
Rhythm & Blues, Mainstream, Ethno und freier Jazz mit Lay Mansa Gueye, Hannes Beckmann u. a. 19.—21.11., Night Club „Bayerischer Hof"

5. _____ Magdeburg:

Deep Purple
Die britische Hard-Rock-Gruppe stellt ihr neues Album „Abandon" vor. Konzert am 19.11. in der Bördelandhalle

10. _____ Stuttgart:

„Vision 2000"
Tuschmalerei und Werke der plastischen Kunst der Gegenwart aus der Volksrepublik China und Taiwan. Bis 31.1.1999, Linden-Museum

6. _____ Oberhausen:

David Copperfield
Illusionen, Tricks und Rätsel: Der Magier ist mit seiner neuen Show auf Deutschlandtournee. 18.11.—22.11., Arena, Tel.: 0 18 05/21 25 12

9. _____ Mannheim:

„Go four dance"
Vier Choreographen inszenieren modernes Ballett. Premiere: 18.11., zu sehen bis Juli 1999 im Nationaltheater.

8. _____ Frankfurt:

„Antique '98"
Händler, Architekten und Designer präsentieren Kunst u. Antiquitäten. 18.11.—22.11., Messeturm, Halle 1

7. _____ Erfurt:

„Beetle, Buggy, Brezel"
Deutschlands Kultauto Nr. 1: Der VW Käfer. Modelle aus den 50er Jahren bis zur Gegenwart. Bis 29.11., ega-Cyriaksburg, Halle 4.

Map labels: ITZEHOE, HAMBURG, BERLIN, HANNOVER, MAGDEBURG, OBERHAUSEN, ERFURT, FRANKFURT, MANNHEIM, STUTTGART, MÜNCHEN

1. Frau Schwaabe will nicht fernsehen. Sie soll keine Musikkonzerte besuchen, weil sie Ohrenschmerzen hat. Sie hat Autos nicht gern. Wo kann sie etwas sehen?
2. Frau Fuchs kann nur am 19. oder am 23.11. ausgehen. Sie will nur Musik hören und ins Theater gehen. Wo gibt es etwas für sie?
3. Und du? Wo willst du hin?

DER URLAUB

VIDEOTHEK

• •

Name _____

Datum _____

Klasse _____

A. Wien oder Zürich oder Rügen? Der Professor und Marion beschreiben diese drei Orte. Hör zu und ergänze die Sätze. (HINT: *The professor and Marion are describing three vacation destinations: Vienna, Zurich, and Rügen. Listen closely and fill in the blanks.*)

1. Ja, _____ wäre eine gute Idee.

2. Wenn ich an Wien _____, dann _____ ich an Kultur, an die alte Architektur und an die schönen Schlösser.

3. Und man kann auch _____ _____ im Prater haben.

4. Zürich—das ist wirklich eine _____ wert.

5. Für Kulturfans gibt es das Opernhaus und das Schauspielhaus oder auch die vielen

   _____.

6. Rügen ist eine _____ in der Ostsee. Besonders bekannt für die Kreidefelsen und die

   unberührte _____.

B. Hamdi, aus Ägypten. Hamdi beschreibt seinen ersten Urlaub in Europa. Verbinde die Orte mit den Sehenswürdigkeiten und Aussagen. (HINT: *Hamdi is from Egypt. Listen as he describes his first vacation in Europe. Draw lines to match the cities on the left with the sights and statements on the right.*)

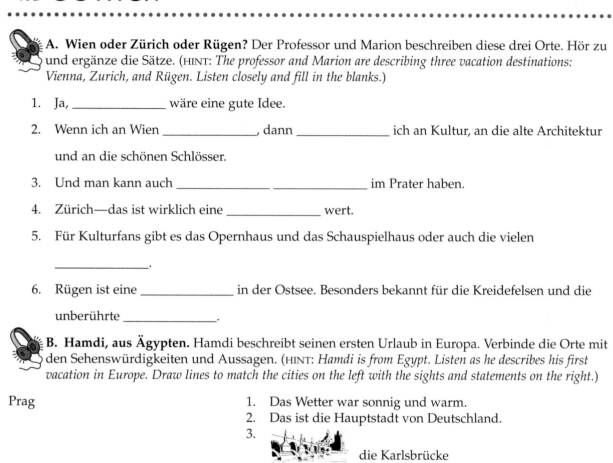

Prag

1. Das Wetter war sonnig und warm.
2. Das ist die Hauptstadt von Deutschland.
3. die Karlsbrücke

Dresden

4. Er hat „Die Zauberflöte" von Wolfgang Amadeus Mozart in der Semperoper gesehen.
5. Es gibt die Humboldt-Universität in dieser Stadt.
6. Das Wetter war nicht so gut. Es war kalt.
7. die Frauenkirche

Berlin

8. Dort gibt es die Siegessäule.
9. Es liegt in Tschechien.
10. Da hat es geregnet.
11. das Brandenburger Tor

VOKABELN

 A. Was zieht man an? (HINT: *What do people wear in different seasons?*)

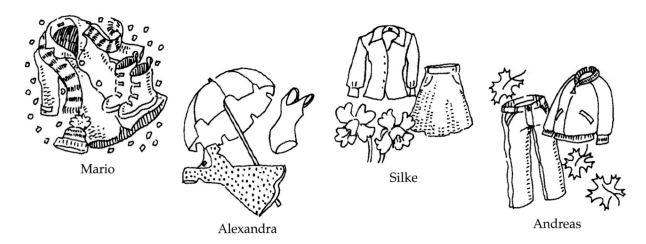

Mario

Alexandra

Silke

Andreas

Du hörst: Was zieht Mario im Winter an?
Du sagst: Er zieht Stiefel, eine Mütze und einen Mantel an.
Du hörst: Er zieht Stiefel, eine Mütze und einen Mantel an.

1. . . .   2. . . .   3. . . .

 B. Wie fährt Irene in Urlaub? Setze die fehlenden Wörter ein. (HINT: *Irene is using various modes of transportation on her world tour. Fill in the missing words.*)

1. Nach Norwegen fahre ich mit dem _____.

2. Nach Ungarn fahre ich immer mit dem _____.

3. Mit dem _____ fliege ich nach Indien.

4. Mit dem _____ fahre ich nach Irland.

5. Mit dem _____ fahre ich nach Frankreich.

6. Nach Italien fahre ich mit dem _____.

 C. Wie fahren andere in Urlaub? (HINT: *How do the following people go on their vacation?*)

Du hörst: Wie fährt Robert in Urlaub?
Du sagst: Robert fährt mit dem Fahrrad in Urlaub.
Du hörst: Robert fährt mit dem Fahrrad in Urlaub.

1. Sonja
2. Torsten
3. Bernd
4. Klaus
5. Tanja

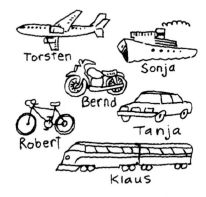

D. Was passt nicht? Kreise das Wort ein, das nicht dazugehört. (HINT: *Circle the word that does not belong in each group.*)

    1.   die Hose — die Jeans — der Anorak

    2.   der Rock — die Mütze — der Hut

    3.   das Kleid — die Krawatte — das Kostüm

    4.   die Hose — das Frauensakko — das Jackett

    5.   der Trenchcoat — der Regenmantel — das Hemd

E. Was zieht man wann an? Ergänze die Sätze. (HINT: *Complete the following sentences with the appropriate footwear for each occasion.*)

Sandalen

Sportschuhe

Stiefel

    1.   Im Sommer zieht man am Strand _____ an.

    2.   Im Winter zieht man _____ an.

    3.   Zum Basketballspielen zieht man _____ an.

F. Wer möchte was? (HINT: *Make correct sentences by putting two halves together. Some items have more than one right answer.*)

    1.   Meine Eltern ____.
               a.   du heute Abend ins Kino gehen
               b.   ihr noch etwas sehen

    2.   Ich ____.
               c.   möchte bitte drei Fahrkarten kaufen

    3.   Möchtest ____?
               d.   möchte Karten spielen
               e.   möchten bitte diese Stiefel anprobieren

    4.   Mein Sohn ____.
               f.   möchten in Österreich Urlaub machen

    5.   Wir ____.

    6.   Möchtet ____?

G. Was ist richtig? Umkreise den richtigen Ausdruck. (HINT: *Circle the word or expression that best completes each sentence.*)

1. Für einen kurzen Urlaub braucht man (einen Rucksack / viel Gepäck).

2. Der Urlaub (fliegt / dauert) nicht lange.

3. Die Auskunft muss man (anrufen / anziehen).

4. Mit dem Flugzeug (fährt / fliegt) man nach Frankfurt und dann muss man umsteigen.

5. Das Gepäck gibt man (bei der Gepäckaufbewahrung / am Fahrkartenschalter) ab.

H. Der Urlaub fängt an. Nummeriere die Wörter in der richtigen Reihenfolge. (HINT: *Number the following actions in the order you would do them to go on vacation.*)

_____ anziehen

__1__ aufstehen

_____ aussteigen

_____ einpacken

_____ einsteigen

_____ umsteigen

_____ zurückkommen

I. Dein Urlaub. Beschreibe deinen Urlaub (ganz kurz: in 30–50 Wörtern). Zum Beispiel: Wie fährst du am liebsten in den Urlaub? Was nimmst du mit? Wohin fährst du? . . . (HINT: *Give a short description [30–50 words] of your vacation. How do you prefer to travel? What do you take with you? Where do you go? . . .*)

_____

_____

_____

_____

_____

_____

_____

STRUKTUREN

• •

 A. Gute Ratschläge. Ein Patient und eine Patientin gehen zum Arzt. Kreuze an, wer welche Ratschläge bekommt. (HINT: *Two patients get advice from a doctor. Check off who is getting which advice.*)

	Patient	Patientin
1. mit dem Rauchen[a] aufhören		
2. Tee trinken		
3. viel schlafen		
4. Vitamintabletten nehmen		
5. mal eine Reise buchen		
6. nicht früh aufstehen		

[a]*smoking*

 B. Das Hotel Globus. Hör zu und ergänze die Lücken. Du hörst den Text zweimal. (HINT: *You will hear an advertisement for the Hotel Globus. Fill in the blanks. You will hear the text twice.*)

_____ [1] Sie ihren Koffer und _____ [2] Sie

in Berlin im Hotel Globus _____![3] Wir

_____ [4] Sie in unser Drei-Sterne-Hotel

_____![5] _____ [6] Sie am Alexander-Platz

_____ [7] und _____ [8] Sie 7 Minuten bis zu

unserem Hotel! _____ [9] Sie heute und

_____ [10] Sie nur 99.– DM pro Nacht!

_____ [11] Sie uns gleich unter der Telefonnummer

030/555 07-0 _____ [12] oder _____ [13] Sie

uns ein Fax!

C. In Berlin. Ein Tourist stellt dir viele Fragen. Beantworte sie. (HINT: *Pretend you live in Berlin. Answer the many questions a tourist there is asking you.*)

Du hörst: Kann ich mit der U-Bahn zum Brandenburger Tor fahren?
Du liest: ja, mit der U-Bahn fahren
Du sagst: Ja, fahren Sie mit der U-Bahn.
Du hörst: Ja, fahren Sie mit der U-Bahn.

1. ja, am Fahrkartenschalter bezahlen
2. ja, einen Fahrplan mitnehmen
3. ja, ein Foto machen
4. ja, mit dem Bus zurückkommen

 D. Pack die Badehose ein! (HINT: *What do people need to pack for their vacations?*)

Du hörst: Ich fahre nach London. Was soll ich einpacken?
Du siehst:

Du liest: der Regenmantel
Du sagst: Pack den Regenmantel ein!
Du hörst: Gut. Ich packe den Regenmantel ein.

der Regenmantel
die Sportschuhe
der Rucksack
die Shorts
die Krawatte

1.   2.

3.   4.

E. Urlaubspläne. Familie Badano plant einen Urlaub in der Schweiz. Ergänze die Tabelle mit den Imperativformen. (HINT: *The Badanos are planning a vacation in Switzerland. Complete the table with the missing imperatives.*)

Herr und Frau Badano (Sie)	Michael (Du)	Sabine und Peter (Ihr)
1. Stehen Sie früh auf!	Steh	
2. *Nemmen Sie Stiefel mit.*	*Nihm*	Nehmt Stiefel mit!
3. *Packen Sie einen*	Pack einen Pullover ein!	*Packt*
4. *Fahren Sie*	*Fahr mit de*	Fahrt mit dem Zug!
5. Lesen Sie den Katalog!	*Lies den Katalog*	*Lest den Katalog.*
6. *Essen Sie nicht so viel.*	Iss nicht so viel!	*Esst nicht so viel.*

F. Vor dem Urlaub. Herr Badano ist sehr nervös und gibt allen Menschen Befehle. Bilde Sätze im Imperativ. (HINT: *Before the trip to Switzerland, Mr. Badano is getting nervous and ordering everyone around. Write sentences in the imperative.*)

1. Michael: den Flug buchen _____ *Buch den Flug.*

2. Sabine: eine Badehose kaufen _____ *Kauf eine Badehose*

3. Peter: Unterwäsche mitnehmen _____ *Nihm Unterwäsche mit.*

4. der Taxifahrer: doch aufpassen _____ *Passen Sie doch auf.*

5. Michael und Sabine: keine Computerspiele im Zug spielen _____ *Spielt keine Computer*

 **G. Der Abschiedsbrief.** Du fährst in den Urlaub und schreibst einem Freund oder einer Freundin einen kleinen Abschiedsbrief. (HINT: *You are leaving for a vacation in Switzerland. Write a brief note to a friend of yours, with requests and tips for the time you are gone.*)

MODELL:

> Liebe Katrin:
> ich fahre in die Schweiz. Schreib mir bitte mal eine
> E-Mail! Ruf deinen Onkel auch an und sag ihm bitte
> schöne Grüße von mir! Ich komme in einer Woche zurück.
>
> Dein Heinz
> P.S. Geh bitte mit dem Hund spazieren!

AUSSPRACHE

• •

More Consonant Combinations

 A. The consonant combinations *sp/st*. The consonant combinations **sp** and **st** are pronounced [shp] and [sht] at the beginning of a word or a word stem in German.

Listen and repeat.

> **Sp**rache
> **sp**rechen
> **sp**ielen
> **sp**ät
> **Sp**ort
> **St**uhl
> früh**st**ücken
> auf**st**ehen
> Buch**st**abe
> **St**adion

In other positions, the two combinations are pronounced as in English.

Listen and repeat.

> Ho**sp**ital
> We**sp**e
> knu**sp**ern
> li**sp**eln
> Po**st**
> Touri**st**
> Fen**st**er
> ko**st**en

Satzbeispiele. Listen and repeat.

1. Tenni**sp**ielen in **Sp**anien macht **Sp**aß.
2. Die **St**ühle **st**ehen im **Sp**ielzimmer und ko**st**en fast 30 Mark pro **St**ück.
3. Die **St**udentinnen **sp**rechen mit den Touri**st**en.

B. The consonant combination *ch.* The two sounds represented by German **ch** have no equivalent in English. After **a, o, u,** and **au,** the **ch** has a guttural sound. That means that the sound originates in the back of the throat (like the English *k*), with the tongue lowering to allow air to come through. This sound is somewhat close to the **r** that is trilled in the back of the throat.

Listen and repeat.

> acht
> machen
> doch
> kochen
> suchen
> Buch
> auch

A less throaty sound is produced when **ch** occurs after the vowels **e** and **i,** vowels with umlauts, the diphthongs **ei (ai)** and **eu (äu),** and the consonants **l, n,** and **r.** The suffix **ig** can also be pronounced with this softer **ch** sound. This sound originates a little farther forward in the mouth, on the soft palate, with the tongue raised very high but leaving enough room for air to come through.

Listen and repeat.

> schlecht
> leicht
> sprechen
> Küche
> Dächer
> möchte
> ich
> durch
> richtig
> ruhig

Contrast: soft-palate **ch** and guttural **ch.** Listen and repeat.

> ach/ich
> Nacht/nicht
> Dach/Dächer
> Tochter/Töchter

Be sure to make a clear distinction between the **ch** and **k/ck** sounds, which are pronounced the same as in English.

Listen and repeat.

> Ach/Akt
> Nacht/nackt
> dich/dick
> Bach/Backen

Satzbeispiele. Listen and repeat.

1. Die Milch wird leicht schlecht.
2. Ach, dieser Krach in der Nacht!
3. Ich bitte dich: Such doch das Buch!
4. In der Küche kochen sechzehn Töchter.

EINBLICKE

••

A. Hör zu! Was gibt es für Urlaubsmöglichkeiten in der Ostschweiz? (HINT: *Listen to advertisements for vacations in the eastern part of Switzerland. Fill in the tables.*)

	1. Appenzell: Das Appenzeller Gesundheitsangebot	2. Das Glarnerland	3. Sankt Gallen: Sankt Gallen à la carte
wie viele Tage?	[5]		3
wie viele Nächte/ Übernachtungen?		[2]	
Halbpension oder Frühstück?	Halbpension		
Preis	ab Fr. _____	Fr. 99,99 bis 159,-	ab Fr. _____

Wo gibt es das?	1. Im Appenzeller Gesundheitsangebot	2. Im Glarnerland	3. In Sankt Gallen à la carte
Massage	X		
Radfahren			
Stiftsbibliothek			X
Solarium			
Minigolf			
Appenzeller Käse			
Molkenkur			

B. Was weißt du jetzt über Urlaubsmöglichkeiten in der Ostschweiz? Beantworte die Fragen, die du hörst. (HINT: *What have you learned about vacation opportunities in the eastern part of Switzerland? Use the tables you filled out in A to help you answer the questions you will hear.*)

Du hörst: Wo kann man eine Massage bekommen? In Zürich oder in Appenzell?
Du siehst: Eine Massage kann man in . . . bekommen.
Du sagst: Eine Massage kann man in Appenzell bekommen.
Du hörst: Eine Massage kann man in Appenzell bekommen.

1. Im Appenzeller Gesundheitsangebot sind . . . Übernachtungen.
2. Im Glarnerland kann man im Urlaub . . .
3. Das Appenzeller Gesundheitsangebot gibt es ab . . . Franken.
4. In . . . kann man die berühmte Stiftsbibliothek besuchen.
5. In Sankt Gallen bekommt man . . . Übernachtungen mit Frühstück ab 165 Franken.

C. Was kann man im Fürstentum Liechtenstein tun? Lies die Anzeigen der Fremdenverkehrszentrale und ergänze die Informationen. (HINT: *Fill in the missing information, based on the following ads for activities in Liechtenstein.*)

> Das Liechtensteiner Unterland lockt vom 4. bis 12. Juli mit den **Liechtensteinischen Gitarrentagen LiGiTa** die Welt der Gitarrenmusik ins Fürstentum.

> In der fürstlichen Residenz zu Füßen von Schloss Vaduz bringen vom 6. bis 25. Juli zum 28. Mal die **Internationalen Meisterkurse** die Elite der klassischen Musik und des Jazz zu Konzerten nach Liechtenstein.

> Für Kino-Freaks kommt der europäische Film mit 17 **Open-Air-Filmaufführungen** ins Mondschein-Kino vom 25. Juni bis 11. Juli nach Vaduz.

> Und vom 21. bis 23. August verwandelt das **Internationale Musik-Festival Vaduz,** „The Little Big One", das Zentrum von Vaduz zur Rock-Pop-Dixie-Piazza.

1. LiGiTa steht für ____.
   a. das Liechtensteiner Unterland
   b. die Liechtensteinischen Gitarrentage
   c. die Welt der Gitarrenmusik

2. Bei LiGiTa kann man ____ hören.
   a. Jazz
   b. Mondschein-Kino
   c. Gitarrenmusik

3. „The Little Big One" ist ____.
   a. das Internationale Musik-Festival Vaduz
   b. das Fürstentum Liechtenstein
   c. die fürstliche Residenz zu Füßen von Schloss Vaduz

4. Beim „Little Big One" kann man ____ hören.
   a. klassische Musik und Jazz
   b. Gitarre
   c. Rock, Pop und Dixie

5. Konzerte mit klassischer Musik kann man ____ hören.
   a. in der fürstlichen Residenz
   b. im Zentrum von Vaduz
   c. im Mondschein-Kino

6. Im Mondschein-Kino gibt es ____ zu sehen.
   a. nur Filme aus Liechtenstein
   b. Filme aus ganz Europa
   c. Filme aus Afrika, Amerika und Europa

PERSPEKTIVEN

. . . .

Hör mal zu!

A. Radtour auf Rügen. Lydia und Steffen wohnen in Berlin und organisieren für die Sommerferien eine Radtour auf Rügen. Sie wollen mit Freunden eine Woche lang quer durch die Insel radeln und abends auf Campingplätzen übernachten. Hör zu, wie Lydia und Steffen ihre Pläne machen. Welche Informationen fehlen? Du hörst das Gespräch zweimal. (HINT: *Listen as Lydia and Steffen plan their bicycle trip on Rügen. Fill in the missing words. You will hear their conversation twice.*)

LYDIA: Na Steffen, weißt du jetzt, wer nach Rügen _____?[1]

STEFFEN: Also ich hab' alle noch mal _____,[2] und außer uns beiden kommen noch der

Nick, Mario, Michael, Gordon und Sabine.

LYDIA: Das heißt, wir sind zusammen sieben und _____[3] mindestens drei Zelte.

STEFFEN: Haben wir auch. Michael, Gordon und ich _____[4] unsere Dreimannzelte.

Was brauchen wir denn sonst noch alles?

LYDIA: Hat jeder ein gutes _____?[5]

STEFFEN: Sicher! Nur der Nick hat keins, aber er wird in Bergen eins _____.[6]

LYDIA: Schlafsäcke haben aber doch wohl alle?

STEFFEN: Ja sicher, und auch _____[7] und Rucksäcke.

LYDIA: Was sollen wir zum Anziehen mitnehmen?

STEFFEN: Meine Familie kommt aus Stralsund und ich kenne mich da oben gut aus. Ich kann dir sagen,

dass es da auch im _____[8] ganz schön kalt werden kann. Wir brauchen also

alle einen Anorak, zwei oder drei Jeanshosen, _____[9] und Unterwäsche.

Natürlich auch Shorts für warmes _____[10] und einen Jogginganzug zum

Schlafen. Badetücher und Kulturbeutel _____[11] wir auch nicht vergessen.

LYDIA: Meinst du, wir _____[12] da irgendwo unsere Wäsche waschen?

STEFFEN: Ganz bestimmt, aber dazu haben wir keine Zeit, und das ist auch zu _____[13]

. . . Du, Badeanzüge dürfen wir auch nicht vergessen. Ein paar sonnige Tage wird es bestimmt

geben, und Binz hat einen tollen _____.[14]

LYDIA: Okay, und was brauchen wir außer _____?[15]

STEFFEN: Werkzeug für Fahrradpannen, Besteck, . . .

B. Das österreichische Urlaubsangebot. Wie viele gibt es davon? (HINT: *Listen to some of the vacation options available in Austria. Draw lines to show how many there are of each.*)

5   Golfplätze

38   Nationalparks

69   Naturschutzparks und Naturschutzgebiete

95   Tennisplätze

4.840   Wildparks

Lies mal!

Urlaub in Österreich

Das österreichische Fremdenverkehrsamt lädt ein:

Springen Sie hinein ins volle Leben, wie es nur Österreich bieten kann! Dieses Land ist so reich an Urlaubsfreuden und Erlebnissen, dass es immer wieder zum Kommen und Wiederkommen einlädt! Es geht gar nicht anders, in Österreich packt jeden früher oder später die Lust, das vielfältige Angebot zu nutzen!

5 Nationalparks
17 Tauchschulen
33 Wasserskischulen
36 Kunsteisbahnen
38 Wildparks
60 Segelschulen
69 Naturschutzparks und Naturschutzgebiete
95 Golfplätze
100 Windsurfschulen
500 Fahrradverleihstellen
500 Naturrodelbahnen
500 Orte mit Reitmöglichkeiten
528 Skischulen
600 Orte mit Fischereimöglichkeiten
900 Hallenbäder
1.250 Frei- und Strandbäder
4.840 Tennisplätze in rund 1.000 Orten
10.000 km markierte Radwanderwege
16.000 km Langlaufloipen
22.000 km Skipisten und Tourenabfahrten
50.000 km Wanderwege

Österreich bietet an seinen Seen, in den Bergen, Tälern und in den Städten den größten Urlaubskomfort. Vom 5-Sterne-Hotel bis zum gemütlichen Urlaub auf dem Bauernhof. Die Entscheidung überlassen wir ganz Ihnen. Ausführliche Spezialangebote, auch für den Kurzurlaub, gibt es zu folgenden Themen: Angel-Abenteuer, Urlaub auf dem Bauernhof, Golf, Kinderhotels, Kleine historische Städte, Reiterferien, Tennis und Sprachferien. Rufen Sie uns einfach an oder senden Sie uns eine E-MAIL.

This information is excerpted and slightly modified from information given by the Austrian National Tourism Office on their Web site at www.austria-tourism.at/oew/blick.html

© 2000 WGBH Educational Foundation and CPB

Wortschatz zum Text

das Fremdenverkehrsamt	*tourist information office*
vielfältig	*diverse*
das Angebot	*offering, set of possibilities*
die Tauchschule	*diving school*
die Kunsteisbahn	*artificial ice-skating rink*
der Wildpark	*game preserve*
die Fahrradverleihstelle	*bicycle renting place*
die Naturrodelbahn	*toboggan run*
die Reitmöglichkeit	*(horse) riding opportunity*
das Hallenbad	*indoor swimming pool*
das Freibad, das Strandbad	*outdoor pool*
die Langlaufloipe	*cross-country ski trail*

Name _____ Datum _____ Klasse _____

 C. Zum Text. Lies das Angebot des österreichischen Fremdenverkehrsamts noch einmal und finde alle Wassersport- und Wintersportarten. (HINT: *Find the water sports and winter sports listed by the Austrian National Tourism Office.*)

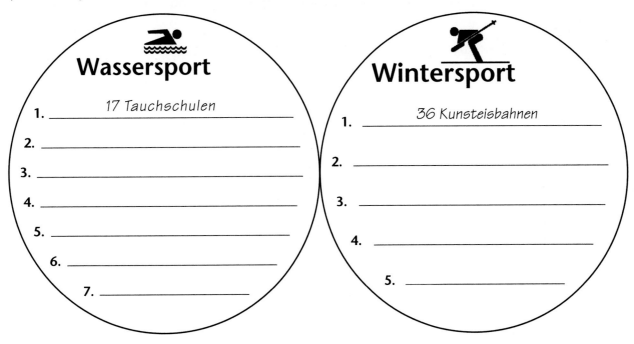

Wassersport

1. _____ *17 Tauchschulen* _____
2. _____
3. _____
4. _____
5. _____
6. _____
7. _____

Wintersport

1. _____ *36 Kunsteisbahnen* _____
2. _____
3. _____
4. _____
5. _____

 D. Welche Wörter fehlen? Finde die richtigen Wörter und Ausdrücke aus dem Text. (HINT: *Complete this paragraph with information from the Austrian National Tourism Office.*)

> Naturrodelbahnen
> Angebote
> Radwanderwege
> Skipisten
> Langlaufloipen
> Wildparks Skischulen
> Wanderwege

Viele Familien fahren immer wieder nach Österreich, denn es gibt so viel zu tun und zu sehen.

Besonders Wintersportler lieben dieses Land, denn es gibt nicht nur zweiundzwanzigtausend

Kilometer _____[1] und Tourenabfahrten, sondern auch sechzehntausend

Kilometer _____.[2] Für alle, die noch nicht Skilaufen können, gibt es auch

über fünfhundert _____.[3] Besonders Familien mit Kindern finden hier

viele interessante _____.[4] Im Winter können diese Familien auf den

_____[5] mit ihren Kindern Schlitten fahren. Besonders beliebt sind bei

Kindern auch _____,[6] weil sie dort wilde Tiere ganz nah beobachten

können.

Schreib mal!

E. Urlaub ja—aber wie? Beschreibe eine der folgenden Urlaubsideen. Welchen Urlaub möchtest du machen? Wie lang soll der Urlaub sein? Wie teuer? Was kann man in dem Urlaub machen? Was für Menschen sind da? Was ziehst du da an? (HINT: *Describe one of the following vacations. Which one would you choose to do? How long would it last? How much would it cost? What activities would be included? Who are some of the people you might meet there? What would you wear?*)

Urlaub auf dem Bauernhof   Sprachferien
Reiturlaub

_____

_____

_____

_____

_____

_____

_____

_____

F. Urlaub in Österreich. Drei Freunde planen einen Urlaub in Österreich, aber sie kennen Österreich nicht gut. Du musst ihnen helfen. Schreibe ihnen einen Brief oder eine E-Mail und sag ihnen, ob sie im Sommer oder im Winter kommen sollen. Wie lange sollen sie bleiben? Wie müssen sie fahren? Was bringen sie mit? (HINT: *Three friends are planning a vacation in Austria, but they don't know Austria as well as you do. Write them a letter or an e-mail message to tell them what time of year you think they should come, how long they should stay, how they should travel, what they should bring along, and anything else you want them to know.*)

_____

_____

_____

_____

_____

_____

_____

_____

8 AUF DER INSEL RÜGEN

VIDEOTHEK

• •

A. Wer sagt das? Hör zu und ordne die Namen den Aussagen zu. (HINT: *Listen closely and write down the names of the speakers.*)

V = Vera   M = Marion   P = Professor

1. ____   Netter Junge, der Michael, hmm?

2. ____   Ein Foto machen, ja. Ein Andenken an Rügen.

3. ____   Und vielleicht einen kleinen Spaziergang.

4. ____   Mmh, einen Spaziergang . . . das wäre super! Aber nicht mit meiner Mutter.

5. ____   Hach . . . Seeluft! Guck mal, wer da ist!

6. ____   Komm, machst du mal ein Foto?

B. Welche Kunststile erwähnen Marion und der Professor? Kreuze sie an. (HINT: *Mark the three styles of art mentioned by Marion and the professor.*)

____ der Jugendstil

____ die Romantik

____ der Naturalismus

____ der Impressionismus

____ der Expressionismus

____ die Renaissance

C. Was macht man alles im Urlaub? Schreibe die Aktivitäten auf. Du hörst das Gespräch zweimal. (HINT: *What do you do during your vacation? Write down the activities you hear. You will hear the conversation twice.*)

MARION: Im Urlaub möchte man _____ _____ . . .

_____ . . .

PROFESSOR: _____ _____ . . .

MARION: _____ . . .

PROFESSOR: _____ . . .

MARION: _____ . . .

VOKABELN

• •

 A. Wo übernachten sie am liebsten im Urlaub? (HINT: *Say where the following people prefer to stay on their vacations.*)

Du hörst: Arnhilt kann nicht viel bezahlen. Was sucht er?
Du liest: Arnhilt sucht (eine Jugendherberge / ein Hotel).
Du sagst: Arnhilt sucht eine Jugendherberge.
Du hörst: Das finde ich auch. Eine Jugendherberge ist für Arnhilt das Richtige.

   1.   Tante Elfrieda und Tante Herta nehmen (ein Einzelzimmer / ein Doppelzimmer).
   2.   Herr und Frau Denner wohnen in (einem kleinen Hotelzimmer / einer Ferienwohnung).
   3.   Onkel Albrecht schläft in (einem Einzelzimmer / einer großen Ferienwohnung).

 B. Was machst du dort? (HINT: *Say what activities you might get involved in in each location.*)

Du hörst: Was machst du am See?
Du liest: in der Sonne liegen
Du sagst: Am See liege ich in der Sonne.
Du hörst: Ich auch! Ich liege auch in der Sonne!

   1.   Golf spielen
   2.   Billard spielen
   3.   Tennis spielen
   4.   Kunstwerke betrachten

C. Ein Anruf im Hotel. Kreuze an, was der Anrufer zuerst möchte. Dann hör dir das Gespräch noch einmal an, und kreuze an, was er nimmt. (HINT: *Listen to the following conversation with a hotel reservation clerk. Mark what the caller asks for. Then listen again and mark what he agrees to take.*)

	DAS WILL ER		DAS NIMMT ER
das Doppelzimmer	☐	das Doppelzimmer	☐
das Einzelzimmer	☐	das Einzelzimmer	☐
das Bad	☐	das Bad	☐
die Dusche	☐	die Dusche	☐
das Erdgeschoss	☐	das Erdgeschoss	☐
der erste Stock	☐	der erste Stock	☐

D. Was macht der Gast zuerst? Nummeriere die Sätze in der richtigen Reihenfolge. (HINT: *What does the hotel guest do first? Number the statements in the correct order.*)

   a.   ____ Dann bekommt er den Schlüssel für das Zimmer im ersten Stock.

   b.   ____ Der Gast füllt das Formular aus.

   c.   ____ Der Gast geht zur Rezeption.

   d.   ____ Danach fährt der Gast mit dem Fahrstuhl.

E. Wer wohnt wo? Wo wohnen diese Personen im Urlaub? Finde passende Übernachtungen für sie.
(HINT: *Where do these people stay when they go on vacation? Assign them to appropriate lodgings by writing their names below where they stay. There is more than one possible set of right answers.*)

1. Im Urlaub fährt Herr Mayer nach Wien. Er betrachtet Kunstwerke.
2. Nina und Stefan fliegen in die Türkei. Sie liegen am Strand in der Sonne.
3. Frau Schulze fährt nach Bayern. Sie besichtigt Burgen.
4. Tom und Lisa reisen durch Europa. Sie brauchen billige Zimmer.
5. Der kleine Peter fährt mit seinen Eltern auf das Land. Er angelt und reitet.

Herr Mayer
Tom und Lisa
Nina und
Stefan Peter
Frau Schulze

F. Was macht man im Urlaub? Was macht man nicht im Urlaub? Ordne die
Wörter in die richtigen Spalten ein. (HINT: *Sort the following activities based on whether people would usually do them or not on vacation. Write them in the correct columns. Cross out each item in the box once you've placed it in a column.*)

reiten   Billard spielen   studieren
Tischtennis spielen   lernen   Hausaufgaben machen

Das kann man im Urlaub machen.	Das macht man normalerweise nicht im Urlaub.

G. Was machst du am liebsten im Urlaub? Schreibe deine fünf Lieblingsaktivitäten auf. (HINT: *What do you like to do most on vacation? Write down your five favorite activities.*)

1. _____

_____

2. _____

_____

3. _____

_____

4. _____

_____

5. _____

_____

H. Ein idealer Tag. Beschreibe jetzt einen Urlaubstag, an dem du möglichst viele deiner Lieblingsaktivitäten (aus Aktivität G) machst. (HINT: *Describe an ideal vacation day on which you engage in as many as possible of your favorite activities [listed in Activity G above]. Write at least three complete sentences.*)

_____

_____

_____

_____

_____

I. Eine einsame Insel. Stell dir vor, du fährst auf eine einsame Insel. Welche drei Dinge nimmst du mit? Was machst du damit? (HINT: *Imagine that you are going to a deserted island. Write down three things that you would take with you. What will you do with them?*)

1. _____

_____

2. _____

_____

3. _____

_____

© 2000 WGBH Educational Foundation and CPB

STRUKTUREN

· ·

 A. In Bad Reichenhall. Was haben die Wiedemanns in der Kur gemacht? Hör zu und nummeriere die Aussagen in der richtigen Reihenfolge. (HINT: *Listen to what the Wiedemanns did during their stay in Bad Reichenhall, and number the statements below as you hear them.*)

____   Kunstwerke betrachten

____   ein Zimmer im zweiten Stock haben

____   Golf spielen

____   eine Burg besichtigen

____   in einer Pension wohnen

__1__   einen interessanten Aufenthalt haben

____   am See angeln

 B. Fragen über die Kur. Beantworte die Fragen. (HINT: *Answer the questions about people's stay at a spa.*)

Du hörst: Was haben Herr und Frau Epp in der Kur gemacht?
 Du liest: Tennis spielen
Du sagst: Herr und Frau Epp haben Tennis gespielt.
Du hörst: Ah ja, Herr und Frau Epp haben Tennis gespielt.

1. in einer Pension wohnen
2. ein Konzert besuchen
3. eine Segelbootsfahrt machen
4. Geburtstag feiern
5. die Burgen fotografieren
6. eine schöne Zeit haben

C. Wer war schon mal da? Beantworte die Fragen. (HINT: *Who has ever been there? Answer the questions.*)

Du hörst: Warst du schon mal in Lissabon?
 Du liest: ja , ich . . .
Du sagst: Ja, ich war schon mal in Lissabon.
Du hörst: Ja, ich war schon mal in Lissabon.

Du hörst: War Eleni schon mal in Athen?
 Du liest: nein, Eleni . . .
Du sagst: Nein, Eleni war noch nie in Athen.
Du hörst: Nein, Eleni war noch nie in Athen.

1. ja, ich . . .
2. nein, Maria und Malte . . .
3. ja, ihr . . .
4. ja, wir . . .
5. nein, sie . . .
6. ja, du . . .

D. Thomas in München. Thomas erzählt von seinen Ferien in München. Hör zu und ergänze die Lücken. (HINT: *Listen as Thomas tells about his vacation in Munich, and fill in the blanks.*)

Meine Freunde und ich _____ ¹ in den Ferien in München. Wir

_____ ² ein Zimmer in einer Jugendherberge. Die Jugendherberge

_____ ³ in einer alten Burg. Das _____ ⁴ sehr interessant.

_____ ⁵ ihr, dass es in München einen sehr großen Park gibt, den Englischen

Garten? Meine Freunde _____,⁶ dass man dort Fußball spielen und in der Sonne

liegen kann. Wir _____ ⁷ oft den ganzen Tag im Park, und

_____ ⁸ sehr viel Spaß.

E. Dialoge über Rügen. Ergänze die Lücken mit den passenden Formen von **wissen** im Imperfekt. (HINT: *Fill in the blanks with the appropriate forms of **wissen** in the simple past.*)

RÜGEN - vis á vis Hiddensee

HOTEL ZUR ALTEN SCHMIEDE

★★★

OT Poggenhof 25, 18569 Schaprode
Tel. 038309/2100 • Fax / 21043
Neu erbaut, erstklassige Ausstattung,
ruh. Lage, Restaurant, HP, Kaminbar,
finn. und röm. Sauna, Terrasse,
Balkon, Billard, Atelier und Galerie.
-Reetdach-Ferienhaus-

URLAUB KÖNNEN SIE ÜBERALL MACHEN - ABSCHALTEN BEI UNS!

1. FRANZ: _____*Wusstest*_____ du, dass Rügen eine Insel ist?

   MARKUS: Ja, das ___wusste___ ich schon.

2. KATRIN: Ali und Bärbel, ___wusstet___ ihr, wer Caspar David Friedrich ist?

   BÄRBEL: Ja, wir ___wussten___, dass er ein Maler ist.

3. DANIELA: ___Wusste___ Michael, dass Rügen in der Ostsee liegt?

   PETER: Nein, aber seine Eltern ___wussten___, dass Rügen weiße Kreidefelsen hat.

F. Hast du das gestern gemacht? Schreibe Sätze im Perfekt. (HINT: *Write sentences in the present perfect tense about whether you did the following things yesterday.*)

Du liest: Bücher lesen
Du schreibst: Gestern habe ich Bücher gelesen.
oder: Gestern habe ich keine Bücher gelesen.

Du liest: viel getanzt
Du schreibst: Gestern habe ich viel getanzt.
oder: Gestern habe ich nicht viel getanzt.

1. Freunde besuchen   ___Gestern habe ich Fr. besucht___

2. in der Bibliothek arbeiten   _____

3. klassische Musik hören   ___Gestern habe ich klassische___

4. an Freunde schreiben   _____

5. lange schlafen   _____

6. mit der Familie essen   ___gegessen___

G. Ausreden, Ausreden. Welche Ausreden verwenden die Leute? Verwende die Informationen aus der Tabelle und schreibe vollständige Sätze. (HINT: *People give excuses for all sorts of things. What excuses do the following people use? Write complete sentences using the information in the table.*)

ich	in Augsburg	einen Autounfall
du	bei deinen Eltern	Halsschmerzen
Gabi	im Bett	eine Erkältung
wir	zu Hause	viele Hausaufgaben
ihr	im Urlaub	viel Spaß
Herr und Frau Braun	auf Kur	keine Zeit

1. Ich war in Augsburg und hatte einen Autounfall.

2. _____

_____

3. _Gabi war im Bett und hatte eine Erkältung_

_____

4. _Wir waren_ _____

_____

5. _____

_____

6. _____

_____

H. Dieters Urlaub in Heidelberg. Schreib die Partizipien der folgenden Verben. (HINT: *Write down the past participles of the verbs listed below.*)

besichtigen _____

besuchen _____

betrachten _____

erleben _____

machen _____

spielen _____

wohnen _____

I. Was hat Dieter gemacht? Suche die passenden Partizipien aus der Liste in der Aktivität G und setze sie in die Lücken unten ein. (HINT: *Choose the appropriate participles from the list in Activity G, and use them to fill in the blanks below.*)

Letztes Jahr hat Dieter seine Schwester in Heidelberg _____.[1] Er hat aber

nicht bei ihr übernachtet, sondern im Hotel _____.[2] In Heidelberg hat

Dieter viele interessante Sachen _____.[3] Morgens hat er die Kunstwerke

im Kurpfälzischen Museum _____[4] und am Nachmittag hat er das

Heidelberger Schloss _____.[5] Abends hat er mit seiner Schwester ein

Picknick am Neckar _____[6] oder mit ihr Tischtennis

_____.[7]

J. In Heidelberg war viel los! Und was haben diese Leute in Heidelberg gemacht? Schreibe Sätze im Perfekt. (HINT: *And what did the following people do in Heidelberg? Write sentences in the present perfect tense.*)

1. ich / an der Universität Englisch / lernen

   _____

   _____

2. du / in einem kleinen Restaurant / arbeiten

   _____

   _____

3. wir / viele nette Leute / kennen

   _____

   _____

4. ihr / das Zelt auf den Campingplatz / bringen

   _____

   _____

AUSSPRACHE

. . . .

More Consonant Combinations

A. The consonant combinations *kn, pf, zw, qu, tz, (t)zt, ng.* In German, every letter in these consonant combinations is pronounced.

Listen and repeat.

kn:
Kneipe
Knochen
Knie
Knopf
Knall
Knospe

pf:
Pfennig
Pferd
Pfeffer
Pfund
Pfeife
Pfosten

zw:
zwei
zwölf
zwanzig
zwischen
zwinkern
Zweig

qu (sounds like German **kw**):
Quick
Quark
Quatsch
Qualität
Quedlinburg
quasi

tz (sounds like **ts**):

| Pla**tz** | se**tz**en |
| Sa**tz** | si**tz**en |

Notice this sound in the suffix **-tion** as well:

| Tradi**tion** | interna**tion**al |
| Na**tion** | Informa**tion** |

(t)zt:

| Ar**zt** | getan**zt** |
| bese**tzt** | je**tzt** |

ng (pronounced like the *ng* in the English *sing*):

> Übung
> Englisch
> Hunger
> singen

Satzbeispiele. Listen and repeat.

1. Ein **Pf**und **Pf**effer kostet **zw**eiund**zw**anzig **Pf**ennige.
2. In der **Kn**eipe gibt es **Kn**ackwurst oder **Kn**ödel.
3. **Qu**asi alles in der „**Qu**ick" ist **Qu**atsch.
4. **Zw**ölf Ärzte haben mit **zw**ölf Ärztinnen Walzer getan**zt**.
5. Fa**ng**en wir mit der Übu**ng** an, denn nach der Vorlesu**ng** haben wir eine Prüfu**ng** in E**ng**lisch.
6. Zu meinem Ent**setz**en ist dieser Pla**tz** bese**tzt**.

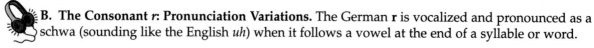**B. The Consonant *r*: Pronunciation Variations.** The German **r** is vocalized and pronounced as a schwa (sounding like the English *uh*) when it follows a vowel at the end of a syllable or word.

Listen and repeat.

> Arm
> Karte
> dir
> Meer
> vorne
> dürfen
> Tier
> werden

Remember that the **r** is rolled or trilled at the beginning of a syllable or when followed by a vowel.

Listen and repeat.

> **R**eise
> **R**ose
> **R**asen
> **R**ücken
> hö**r**en
> fah**r**en
> g**r**oß
> K**r**eidefelsen

Satzbeispiele. Listen and repeat.

1. Nimm die **r**oten **R**osen mit auf **R**eisen.
2. Ich fah**r**e mit di**r** ans Mee**r**, wenn wi**r** nicht so **r**asen müssen.
3. Ich muss nach vo**r**ne **r**ücken, um besser zu hö**r**en.

EINBLICKE

· ·

A. Hör mal zu! Auf Rügen fahren Marion und ihre Mutter mit dem „Rasenden Roland", einer Kleinbahn mit Dampflokomotive. Du hörst jetzt einen Text zum 100-jährigen Jubiläum dieser Bahn. Umkreise die Städte, die erwähnt werden. (HINT: *The "Rasender Roland" is a small steam railway on Rügen that recently celebrated its 100th anniversary. Listen to the description of the anniversary celebration, and circle the cities you hear on the map below.*)

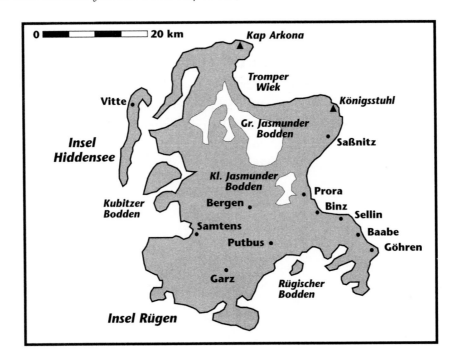

B. Der Festzug. Hör noch einmal zu. An welchen Bahnhöfen gab es diese Aktivitäten? (HINT: *You will hear part of the text again. Listen and match the type of entertainment with the train station where it was offered.*)

	Binz	Sellin	Baabe	Göhren
Kinderliedtheater				
Volkschor				
Modenschau in historischer Kleidung				
Silberbergmusikanten				
Tanzgruppe „De Plattföt"				
Dixielandkonzert				
Mönchguter Trachtengruppe				
Heimatfreunde Gingst				
Plattdeutsch snakende [= sprechende] Gruppe				

C. Was kostet das? Die folgenden Personen/Gruppen machen Urlaub auf Rügen und wollen eine Fahrt mit dem Rasenden Roland machen. Was müssen sie zahlen? (HINT: *Using the price chart below, calculate what the various people listed below will have to pay to ride on Rasender Roland.*)

FAHRPREISE RASENDER ROLAND
von Putbus über Binz, Sellin, Baabe nach Göhren

Fahrkartentyp	Preis
Einzelfahrkarte	12,00 DM
Einzelfahrkarte ermäßigt*	6,00 DM
Familien (2 Erw., 3 Kinder)	24,00 DM
Fahrradkarte	3,50 DM
Gruppen (ab 15 Personen)	10,00 DM pro Person
Kindergruppen (ab 15 Personen)	4,50 DM pro Person
Wochenkarte	36,50 DM
Monatskarte	126,00 DM
Wochenkarte ermäßigt*	18,00 DM
Monatskarte ermäßigt*	63,00 DM

Alle Fahrkarten, außer Zeitkarten, gelten nur an dem jeweiligen Geltungstag. Die Fahrt kann beliebig unterbrochen werden.

*ermäßigte Fahrkarten erhalten: Kinder und Jugendliche vom 6. bis zum 14. Lebensjahr
                                                    Hunde

Reisegruppen reservieren bis 48 Stunden vor der Fahrt.

Reisegruppen erhalten:
        ab 16 Personen eine Freikarte
        ab 17 Personen zwei Freikarten
        ab 34 Personen drei Freikarten
        ab 51 Personen vier Freikarten
        ab 71 Personen fünf Freikarten

Alle Angaben ohne Gewähr

---

1.   ein junger Mann mit einem Fahrrad und einem Hund   _____

2.   eine Mutter mit zwei Kindern unter 14 Jahren   _____

3.   eine Gruppe von 15 Jugendlichen (12 Jahre alt) mit 15 Fahrrädern   _____

4.   zwei Erwachsene   _____

5.   ein Schüler, der eine Woche lang mit der Bahn fahren will   _____

PERSPEKTIVEN

• •

Hör mal zu!

A. Urlaub. Hör zu, was Katrin, Judith, Mehmet und Boris über ihren Urlaub erzählen. Wer fährt wohin? Ergänze die fehlenden Informationen. (HINT: *Listen to the following people talk about their vacations, and fill in the missing words and phrases.*)

KATRIN: Im _____¹ fahre ich gern in die Schweiz oder nach Österreich. Ich

_____² gern. Ich besuche gern Städte, und ich bin einfach gern in den

Bergen.

JUDITH: Im Urlaub fahre ich nach Jamaika. Denn Jamaika ist so anders als _____.³

Die Menschen sind sehr aufgeschlossen, das Wetter ist ganz anders, es ist so

_____.⁴ Die Palmen sind sehr schön und vor allen Dingen, die

_____.⁵ Ich liebe Reggae.

MEHMET: Ich mache Urlaub am _____⁶ in der Türkei, denn ich kann erstens da alte

Freunde besuchen, ich kann mit ihnen _____⁷ und immer wieder mal die

Freude mit ihnen teilen. Auch touristisch gesehen bietet die Türkei sehr Attraktives. Ob das

jetzt die Großstadt Istanbul ist zum _____⁸ oder die Sandstrände und tolle

Hotels und allinklusive Clubs, das ist schon sehr sehr interessant.

BORIS: Im Urlaub fahre ich gerne nach Italien, nach Rom. Ich schaue mir etwas die

_____⁹ an, und dann _____¹⁰ ich von Rom aus gerne ans

Meer, oder durch Italien, weil ich das _____¹¹ mag. Ich mag die Leute, ich

mag die Architektur, ich mag die kulturellen Ereignisse und _____,¹² die

dort stattfinden.

B. Hast du verstanden? Beantworte die Fragen, die du hörst. (HINT: *Answer the questions you hear.*)

Du hörst: Wo gibt es Palmen? In Jamaika oder in der Schweiz?
Du liest: In . . . gibt es Palmen.
Du sagst: In Jamaika gibt es Palmen.
Du hörst: In Jamaika gibt es Palmen.

1. . . . ist gern in den Bergen.
2. In . . . ist es heiß.
3. In . . . gibt es Reggae.
4. . . . hat alte Freunde in der Türkei.
5. . . . ist in der Türkei.
6. In der . . . gibt es Sandstrände.
7. . . . spricht von kulturellen Ereignissen.
8. Boris geht gern in . . . essen.

Lies mal!

Gefährliche Sturmfluten im Norden Deutschlands

Die kalte Jahreszeit ist die Zeit, in der Stürme aus dem Nordwesten am häufigsten auftreten. Sie können bei hinreichender Stärke und Dauer so viel Wasser gegen die Küste drücken, dass es zu einer Sturmflut kommt. Werden dann von dem tosenden Wasser die Deiche zerstört, so kann es zu einer Katastrophe kommen, wie am 16. Februar 1962, als 335 Menschen an der Nordseeküste ihr Leben verloren, 72.000 Hektar Land überflutet wurden und 7.000 Stück Vieh ertranken. Auch 1972 und 1976 waren schwere Sturmflutjahre. Nur modernste Deiche, Schleusen und Schutzwerke können die norddeutsche Küste schützen. Große Geldsummen sind notwendig, um diese Anlagen ständig instand zu halten und zu verbessern.

This text has been excerpted and slightly modified from the web site
ascc.artsci.wustl.edu/~langproj/gslides/climate/dclimate/gklima9.html, by Dr. Jürgen Hagel, of the Geographical
Institute of the University of Stuttgart.

Wortschatz zum Text

die Sturmflut	*tsunami (tidal wave)*	das Vieh	*livestock*
tosen	*to rage*	die Schleuse	*floodgate*
der Deich	*dike*	die Anlage	*facility*
zerstören	*to destroy*	instand halten	*to maintain; to service*

Hier einige der großen Sturmfluten der Geschichte:

1164: 17. Februar: Das ist eine der ersten registrierten Sturmfluten an der Nordseeküste.

1277: Bei einer Sturmflut zu Weihnachten werden etwa 50 Dörfer an der Nordseeküste zerstört.

1362: Vom 15. bis zum 17. Januar große Landverluste bei Sturmfluten an der Nordseeküste; etwa 7.600 Tote.

1570: Die Allerheiligenflut (1. November) zerstört Deiche an der ganzen Küste von Holland bis Jütland.

1634: Die Sturmflut des 19. Oktober zerstört die Insel Nordstrand. Etwa 9.000 Menschen finden den Tod.

1717: Bei einer großen Sturmflut zu Weihnachten an der ostfriesischen Küste werden etwa 8.500 Menschen getötet.

1953: Am 31. Januar und 1. Februar überschwemmen große Sturmfluten die Küstengebiete der Nordsee. An der englischen Ostküste sterben etwa 600 Menschen, in den Niederlanden gibt es etwa 1.800 Tote.

1962: Die Sturmfluten vom 16. und 17. Februar an der Nordseeküste treffen Hamburg besonders hart. Weitere große Wassermassen überschwemmen die nordeuropäischen Küsten am 31. Dezember: In der Bundesrepublik Deutschland allein über 300 Tote.

1976: Am 3. und 4. Januar verursacht der Orkan „Capella" große Sturmfluten, die in Nordwesteuropa erhebliche Schäden anrichten. Es gibt 82 Todesopfer, davon 16 in der Bundesrepublik.

C. Zum Text. Welche Ausdrücke passen zusammen? (HINT: *Match the expressions on the left with the explanations on the right.*)

1. ____ häufig
2. ____ tosen
3. ____ der Deich
4. ____ Katastrophe
5. ____ verlieren
6. ____ überflutet
7. ____ ein Hektar
8. ____ ertrinken
9. ____ die Schleuse
10. ____ instand halten

a. künstlicher Damm, der einen Fluss oder die See aufhalten soll
b. etwas nicht mehr haben
c. im Wasser untergehen und sterben
d. kontrollieren und immer wieder reparieren
e. sehr oft
f. eine Anlage, die den Wasserstand reguliert
g. unter Wasser stehen
h. ein großes Unglück
i. zehntausend Quadratmeter
j. wild und laut sein

D. Ach, diese Sturmfluten! Finde die richtigen Informationen aus dem Text. Manchmal sind mehrere Antworten richtig. (HINT: *Choose the correct response or completion for each item below. In some cases more than one answer may be possible.*)

1. Wann gibt es die meisten Sturmfluten?

   a. ____ im Sommer

   b. ____ im Winter

2. Wenn es an der Küste zu einer Sturmflut kommt, . . .

   a. ____ kann es die Deiche an der Küste zerstören.

   b. ____ gibt es an der Küste immer große Katastrophen.

   c. ____ kann es an der Küste große Katastrophen geben.

3. Eine der größten Sturmfluten, im Jahre 1634, . . .

   a. ____ gab es an der englischen Ostküste.

   b. ____ zerstörte die ganze Nordseeinsel Nordstrand.

   c. ____ war die erste registrierte Sturmflut an der Nordseeküste.

4. Zum Schutz braucht die Küste . . .

   a. ____ moderne Deiche, Schleusen und Schutzwerke.

   b. ____ gute Instandhaltung und Verbesserung der Anlagen.

   c. ____ 72000 Hektar Land.

Schreib mal!

E. Urlaub an der Nordsee. Du machst einen Abenteuerurlaub an der Nordsee. Schreib deinen Freunden zu Hause einen Brief. Wie bist du an die Nordsee gefahren? Wo wohnst du? Was machst du? (HINT: *You're on an adventure vacation in the North Sea. Write a letter to your friends at home, telling them how you got to the North Sea, where you're staying, and what you're doing.*)

_____

_____

_____

_____

_____

_____

_____

_____

_____

_____

F. Wieder zu Hause. Du bist wieder zu Hause und erzählst von den Sturmfluten. Schreib einen kurzen Bericht für deine Schulzeitung, deine Unizeitung, oder deine Lokalzeitung. Erkläre ihnen: Was sind Sturmfluten? Wann gibt es sie? Was kann passieren? Was tun die Bewohner? (HINT: *You're home again. Tell about the tsunamis. Write a short report for your school newspaper, college newspaper, or local paper. Explain what tsunamis are, when they occur, what can happen during them, and what people do when they occur.*)

_____

_____

_____

_____

_____

_____

_____

_____

_____

_____

_____

KAPITEL 9

ABENTEUER UND LIEBE

VIDEOTHEK

• •

 A. Marion ist verschwunden. Was ist richtig? (HINT: *Listen to the summary of Marion's adventure, and mark the correct answers for the story.*)

1. Marion ist mit ____ unterwegs.
   - a. Rüdiger
   - b. Lars
   - c. Michael

2. Sie sind ____ gegangen.
   - a. essen
   - b. segeln
   - c. tanzen

3. Warum kommen sie nicht zurück? ____
   - a. Es ist dunkel, sie können nichts sehen.
   - b. Es gibt keinen Wind.
   - c. Es hat angefangen zu regnen.

4. Wer sucht die beiden? ____
   - a. Herr Klier und Michaels Vater.
   - b. Marions Vater.
   - c. Der Professor.

 B. Wer sagt was? Hör genau zu und kreuze an, wer was sagt. Du hörst die Aussagen zweimal. (HINT: *Listen closely and mark the speakers of each statement. The speakers are already in the correct order. You will hear the statements twice.*)

1. ____ Daniela

2. ____ Iris

3. ____ Dirk

4. ____ Anett

5. ____ Erika

6. ____ Grace

a. Ich finde es sehr gut, dass Marion in Rheinhausen geblieben ist und bei Familie Mertens wohnt.

b. Marion scheint sich mit irgendetwas zu beschäftigen.

c. Marion erinnert mich an mich selbst, als ich jünger war.

d. Marion gefällt mir, weil sie jung ist und dynamisch.

e. Sie ist wirklich sehr hübsch.

f. Ihre Familie ist wichtig, aber ihre Freunde sind ihr auch sehr wichtig.

VOKABELN

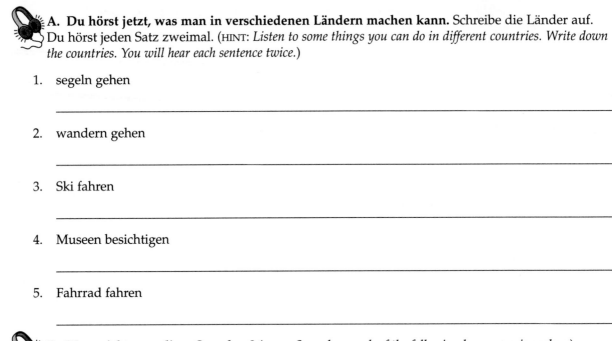

A. Du hörst jetzt, was man in verschiedenen Ländern machen kann. Schreibe die Länder auf. Du hörst jeden Satz zweimal. (HINT: *Listen to some things you can do in different countries. Write down the countries. You will hear each sentence twice.*)

1. segeln gehen

   _____

2. wandern gehen

   _____

3. Ski fahren

   _____

4. Museen besichtigen

   _____

5. Fahrrad fahren

   _____

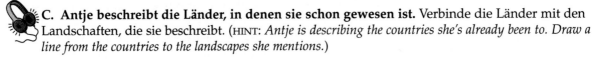

B. Wo spricht man diese Sprachen? (HINT: *Say where each of the following languages is spoken.*)

Du hörst: Wo spricht man Englisch?
Du sagst: In England spricht man Englisch.
Du hörst: In England spricht man Englisch.

1. . . .
2. . . .
3. . . .
4. . . .
5. . . .
6. . . .

C. Antje beschreibt die Länder, in denen sie schon gewesen ist. Verbinde die Länder mit den Landschaften, die sie beschreibt. (HINT: *Antje is describing the countries she's already been to. Draw a line from the countries to the landscapes she mentions.*)

1. Deutschland   a. die italienischen Alpen

2. Italien   b. Wiesen und Felder

3. Schweden   c. die Lüneburger Heide

4. Dänemark   d. viele Buchten

5. Frankreich   e. ein großes Gebirge

6. Insel Pöhl   f. die Hügel

D. Stell dir vor, wie diese Länder sind. Ordne die Länder den Sätzen zu. (HINT: *What does one usually say about the following countries? Match the countries to the sentences.*)

England

Island

Spanien

Irland

1. Es ist immer kalt. _____

2. Dieses Land ist sehr grün. _____

3. Dort gibt es oft Nebel. _____

4. Dort scheint meistens die Sonne. _____

E. Welche Länder grenzen an Deutschland? Nenne mindestens sechs Länder. Wenn du kannst, trage sie auch in die Karte ein. (HINT: *Name at least six countries that share a border with Germany. If you can, add their names to the map as well.*)

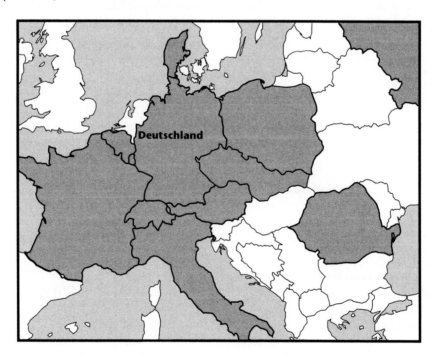

1. _____

2. _____

3. _____

4. _____

5. _____

6. _____

F. Gegensätze. Wie heißen die Gegensätze? Schreibe sie auf. (HINT: *Write down the names of the contrasting landscapes shown in each pair of pictures.*)

 ≠

1. _____   2. _____

   _____   _____

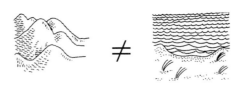

3. _____

   _____

G. In welche drei Länder würdest du am liebsten fahren? Mach eine Liste und begründe deine Wahl. (HINT: *Which three countries would you like to visit most? Make a list and give a reason for each choice.*)

Land	Grund
1.	
2.	
3.	

H. Das Abenteuerpicknick. Schreibe eine Geschichte in zehn Sätzen über ein Abenteuerpicknick. Lass dir etwas einfallen. (HINT: *Write a story in ten sentences about an eventful picnic. Use your imagination. Use as many as possible of the verbs given here.*)

_____

_____

_____

_____

_____

_____

fahren   suchen
essen   nehmen
    finden
schlafen   passieren
    vergessen
sehen   unternehmen

STRUKTUREN

• •

A. Urlaub in Österreich. Herr Wiedemann erzählt über seinen Urlaub in Österreich. Hör zu und kreuze an, welches Hilfsverb zu welchem Partizip passt. (HINT: *Listen to Herr Wiedemann telling about his vacation in Austria. Check off whether **haben** or **sein** is used with the participles.*)

	haben	sein	Partizip
1.			gereist
2.			gefahren
3.			gesehen
4.			aufgestanden
5.			geblieben
6.			geschrieben

B. Wer hat gestern was gemacht? Benutze die Informationen in der Tabelle und beantworte die Fragen. (HINT: *What happened yesterday? Based on the information in the table below, answer the questions that you will hear.*)

Du hörst: Was hat Natascha gestern gemacht?
Du sagst: Sie hat Zeitung gelesen.
Du hörst: Sie hat Zeitung gelesen.

	Wer?	**Was?**
MODELL:	Natascha	Zeitung gelesen
1.	Carlo und Maria	einen Film gesehen
2.	ich	im Bett geblieben
3.	ihr	im Wald gezeltet
4.	du	einen Brief geschrieben
5.	wir	im Park gelaufen

C. Was haben diese Leute in Österreich gemacht? Ergänze die Tabelle. (HINT: *What did these people do in Austria? Complete the table below.*)

Herr Braun	Daniela	Ali
ich habe viele Bücher gelesen	ich _____	ich _____ Burgen und Schlösser _____
ich _____ durch den Wald _____	wir _____ viel _____	ich _____ oft Fahrrad _____
ich _____ österreichische Spezialitäten _____	wir _____ Tennis _____	ich _____ in der gemütlichen Pension _____

D. Ausreden. Sag, warum diese Leute gestern Abend nicht ins Theater gehen konnten. (HINT: *Say why the following people couldn't go to the theater last night.*)

Du hörst: Warum konnte Professor Vogel nicht ins Theater gehen?
Du liest: Professor Vogel: müssen / zwei Bücher von Freud lesen
Du sagst: Er musste zwei Bücher von Freud lesen.
Du hörst: Er musste zwei Bücher von Freud lesen.

1. Frau Reimann: können / die Theaterkarte nicht finden
2. ich: dürfen / nicht aus dem Haus gehen
3. Herr und Frau Gnuzel: wollen / lieber ins Kino gehen
4. Herr Unterhuber: müssen / den ganzen Abend mit seiner Großmutter sprechen

E. Birgits Reise nach Wien. Hör zu und ergänze die Lücken. Du hörst die Erzählung zweimal. (HINT: *Listen to Birgit telling about her family's trip to Vienna, and fill in the blanks. You will hear Birgit's story twice.*)

Letztes Jahr _____[1] wir nach Wien _____.[2] Ich _____[3] mit

dem Auto fahren, aber das Auto war kaputt, und wir _____[4] mit dem Zug fahren. Wir

_____[5] kein Hotel finden, aber dann _____[6] wir eine kleine Pension in

der Stadtmitte _____.[7] Meine Mutter _____[8] immer früh aufstehen, denn

sie _____[9] die vielen Kunstwerke betrachten. Sie _____[10] zwei Tage lang

durch die Altstadt _____[11] und _____[12] sehr viele interessante Sachen

_____.[13] Nachmittags _____[14] wir in einem Kaffeehaus Kuchen

_____[15] und Zeitung _____.[16] Am Abend _____[17] wir in

ein typisches Wiener Restaurant _____[18] und _____[19] natürlich Wiener

Schnitzel und Rostbraten essen. Es hat uns so gut gefallen, wir _____[20] gar nicht mehr

nach Hause.

F. Matthias' langer Tag. Ergänze die Lücken mit den passenden Perfektformen. (HINT: *Complete the story about Matthias's day with the appropriate present perfect forms.*)

1.
2.
3.
4.

5.
6.
7.
8.

Gestern Morgen _____¹ Matthias um 7 Uhr _____.² Dann

_____³ er die Zeitung _____.⁴ Um 9 Uhr

_____⁵ er seine Freundin Gabi _____.⁶ Danach

_____⁷ er einen Brief an seine Eltern _____.⁸ Um 12 Uhr

_____⁹ seine Tante Anni mit einem Kuchen _____.¹⁰

Nachmittags _____¹¹ Matthias im Park _____.¹² Abends

_____¹³ er mit seinen Freunden im Kino einen Film _____.¹⁴

Um 12 Uhr _____¹⁵ Matthias mit dem Bus nach Hause _____.¹⁶

G. Die Kindheit. Was haben diese Leute als Kinder gemacht? Schreibe Sätze im Imperfekt. Verwende die Informationen aus der Tabelle. (HINT: *What did the following people do in their childhood? Use the information in the table, and write sentences in the simple past.*)

ich	früh aufstehen	müssen
Herr und Frau Pfleger	viel Obst und Gemüse essen	müssen
wir	nicht lesen	können
ihr	abends nicht schlafen	wollen

1. *Ich musste früh aufstehen.* _____

2. _____

3. _____

4. _____

H. Und deine Kindheit? Beantworte die Fragen mit ganzen Sätzen. (HINT: *Answer the questions about your childhood with complete sentences.*)

1. Was konntest du machen?

   _____

2. Was durftest du nicht machen?

   _____

3. Was musstest du machen?

   _____

4. Was wolltest du machen?

   _____

5. Was solltest du machen?

   _____

I. Marco beim „Art Fest Open Air". Schreib diese Sätze im Perfekt. (HINT: *Rewrite each sentence in the present perfect tense.*)

1. Am Dienstag lädt Marco seine Freunde zum Open-Air-Fantasy-Musical ein.

   _____

   _____

2. Am Mittwoch schläft Marco lange.

   _____

   _____

3. Abends geht er in die Oper. Er sieht „Aida".

   _____

4. Marcos Eltern kommen auch mit.

   _____

5. Die Eltern finden „Aida" toll.

   _____

6. Sie geben Marco eine Karte für das Boléro-Maazel-Beethoven-Fest.

   _____

   _____

7. Aber am Donnerstag wird Marco krank und bleibt zu Hause.

   _____

   _____

AUSSPRACHE

· ·

A. Unstressed *e* and *er*. In unstressed syllables the vowels **a, i, o,** and **u** retain their basic sound quality, but the vowel **e** becomes weak and is pronounced as a schwa. (English vowels also have this tendency in unstressed syllables.)

Listen and repeat.

> Aug**e**
> Nas**e**
> Tisch**e**
> Stühl**e**
> müd**e**
> gut**e**

The **er** combination in unstressed prefixes such as **er, ver,** and **zer** is pronounced as **e** plus schwa.

Listen and repeat.

> **er**holen
> **er**kälten
> **er**finden
> **ver**lieren
> **zer**fallen
> **Zer**tifikat

B. The contrast *s, ß, z, tz*. As you have learned, the consonant **s** is pronounced like English *z* when it appears before a vowel or between two vowels. At the end of a word or when doubled, it is pronounced like English *s*. The consonant **z** and the consonant combination **tz** are pronounced like the *ts* in *nuts* or the *zz* in *pizza*.

Listen and repeat.

> reisen
> lasen
> Muse
> heiser
> reißen
> lassen
> musste
> heißer
> reizen
> Latz
> Mütze
> heizen

Listen carefully and check off which word you hear. You will hear each word twice.

1. heißen   ☐   heizen   ☐
2. Rose   ☐   Rosse   ☐
3. Kasse   ☐   Katze   ☐
4. müssen   ☐   Mützen   ☐
5. Rasen   ☐   Rassen   ☐

C. Final *b, d, g.* When the consonants **b, d,** and **g** appear at the end of a word or syllable, they are pronounced as **p, t,** and **k,** respectively.

Listen and repeat.

ha**b**
Sta**b**
Stü**b**chen
Han**d**
Su**d**
Mä**d**chen
ma**g**
le**g**
tä**g**lich

D. Review: The Consonant *r* and Consonant Combinations with *r*. Remember to roll or trill the German **r.**

Listen and repeat.

Rasen
rechts
Ring
Rose
rufen
Römer
Rücken
Reise
Raum
Räuber

g**r**oß
g**r**ün
K**r**aft
K**r**ug
b**r**aten
P**r**eis
f**r**agen
F**r**eund
St**r**aße
Sp**r**ache

Satzbeispiele. Listen and repeat.

1. Frau **R**ogler **r**eist zu den K**r**eidefelsen nach **R**ügen.
2. Der P**r**eis ist d**r**ei Mark d**r**eiunddreißig.
3. F**r**agen Sie nach der **R**ingstraße, dort ist die g**r**oße **R**ömerstatue.
4. **R**osen sind **r**ot, nicht g**r**ün oder g**r**au.

EINBLICKE

• •

A. Hör zu! Ein Taucher erzählt von seiner Arbeit in der Ostsee, um Rügen herum. Umkreise für jeden Satz den Ausdruck, der den Satz richtig beendet. (HINT: *A diver tells of efforts to explore some of the many shipwrecks that surround the coast of Rügen. Listen to his description, and then circle the correct completion for each of the sentences that follow.*)

Zuerst hörst du ein paar neue Wörter.

tauchen	*to dive*	an Ort und Stelle	*in its place*
erforschen	*to explore*	vermutlich	*most likely*
das Kriegsschiff	*war ship*		

Wie ist es richtig?

1. Die Taucher arbeiten für (das Land Mecklenburg-Vorpommern / Rügen).

2. Jedes neue Wrack ist (gleich / aufregend).

3. Die Taucher (lassen alles auf dem Meeresboden / bringen alles in ein Museum).

4. Das Wrack „Arkona" ist aus dem (7. / 17.) Jahrhundert.

5. Es war ein (Passagierschiff / Kriegsschiff).

6. „Mukran" ist aus dem Krieg zwischen Schweden und (Dänemark / Deutschland).

7. „Mukran" ist ein (dänisches / schwedisches) Schiff.

The passage you hear on the tapescript is excerpted and modified from the Web site http://www.abc.se/~m10354/mar/rostock/wracks.htm

B. Hast du verstanden? Du hörst einen Teil der Erzählung noch einmal. Ergänze die Zahlen, die fehlen. (HINT: *You will hear part of the passage again. Fill in the blanks as you listen.*)

1. Das Wrack „Mukran" liegt rund _____

   Meter vor dem Hafen von Mukran.

2. Der Dreikronenkrieg dauerte von _____

   bis _____.

3. Schwedens König Erich wollte nicht akzeptieren,

   dass der dänische König _____ Kronen

   in seinem Wappen führte.

4. Im Mai _____ trafen vor Rügen

   _____ schwedische Schiffe auf

   _____ dänische.

3
9
50
200
1563
1565
1570

Name _____ Datum _____ Klasse _____

C. Die Hansekogge. Seit 1996 arbeitet man in Bremen an der Nachbildung einer Hansekogge. Bis zum Jahr 2000 soll das Schiff fertig sein. Im Jahr 1998 gibt es folgende Termine und Aktivitäten. Beantworte die Fragen. (HINT: *Since 1996 people have been working on a reproduction of one of the old* **Hansekogge** *trading ships. Answer the questions about the dates and activities planned for 1998.*)

Termine und Aktivitäten rund um die Hansekogge

3. Mai 1998, 14.30 Uhr **Über die Weser zur Kogge-Werft**
Besichtigung und Führung

5.–7. Juni 1998 *Hafenfest*
Bremer Hansekogge, Weserkahn und Dampfboot

7. Juni 1998, 13.00 Uhr **Mittelalterliches Kogge-Fest**
Buntes Festprogramm auf der Werft
mit Musik, Essen und Trinken
Info-Stände, Kinderprogramm,
Galionsfigurenschnitzer, Schmiedekunst,
Segelfahrten auf der Weser

5. Sept. 1998, 11.00 Uhr **Kapitänsfrühstück**
Fotodokumentation

7.–11. September 1998 *Maritime Woche–Bremen*
Führungen zum Thema Bremer Hansekogge

---

1. Wann ist das Hafenfest in Bremen? _____

2. Wann kann man Fotos vom Bau der Hansekogge sehen? _____

3. Wann ist die Maritime Woche in Bremen? _____

4. Wann kann man die Kogge besichtigen? _____

5. Was kann man beim Mittelalterlichen Kogge-Fest in Bremen tun?

	JA	NEIN			JA	NEIN
a. Musik hören	☐	☐	e. Kinder bringen		☐	☐
b. zelten	☐	☐	f. Tennis spielen		☐	☐
c. essen	☐	☐	g. angeln		☐	☐
d. trinken	☐	☐	h. segeln		☐	☐

PERSPEKTIVEN

• •

Hör mal zu!

A. Ferienpläne. Du hörst Informationen über vier Ferienorte. Was fehlt? Du hörst alles zweimal. (HINT: *You will hear descriptions of four vacation destinations. Complete the passages with the missing words. You will hear everything twice.*)

1. Im idyllischen _____[1] Buldern bei Münster wird von einem

    Jugendreiseveranstalter während der Schulferien ein Internat für Feriencamps gemietet. Für die Kids

    ab _____[2] werden Sport- und Computerkurse angeboten, sowie eine Fülle von

    Aktivitäten wie Airbrushing, Basteln, Pizzabacken, _____,[3] Bumerangwerfen oder

    Verkleidungspartys. Pro _____[4] gibt es mehr als 30 verschiedene Angebote.

2. In Orlik in Tschechien gibt es ein Ferien- und Touristikcamp. Für

    _____[5] und Jugendliche von 14–18 Jahren gibt es Badespaß im

    See, _____,[6] Lagerfeuer, Sport und Spiel im Wald,

    Nachtwanderungen und Diskotheken. Die Teilnehmer wohnen in Bungalows

    mit _____[7] und WC. Vollverpflegung ist inklusive.

3. Das Walsertal in Österreich ist nicht nur ein Paradies für Bergwanderer, auch

    Wasserratten _____[8] sich hier wohl fühlen. Im Freibad und in den

    25 Hallenbädern—zum Teil mit Gegenschwimmanlagen, Solarien und

    Massageräumen—_____[9] man sich das ganze Jahr über erholen.

    Natürlich gibt es auch _____,[10] Kegelbahnen, einen Reitstall und

    zwei Trimm-Dich-Pfade.

4. Jugendliche bis zwanzig können zusammen mit Katja im Paddelboot die _____[11]

    Polens entdecken. Teilnehmer paddeln in stabilen Zweierkajaks durch den Wigierski Nationalpark

    und übernachten auf Campingplätzen. Tagesetappen sind etwa 20 bis 25 km lang und nicht sehr

    strapaziös. Nachmittags gibt es genug Zeit für Städteerkundungen, Wanderungen und lange

    _____[12] am Lagerfeuer. Eine City-Tour durch die Altstadt von Warschau rundet

    das Programm ab.

B. Buldern, Orlik, das Walsertal und Warschau. Beantworte die Fragen zu den Ferienangeboten. (HINT: *Answer the questions about the vacation packages.*)

1. (Ein Bergwanderer / Eine Wasserratte) geht gern schwimmen.
2. (Bumerangwerfen / Autos produzieren) macht in einem Feriencamp Spaß.
3. (Jugendliche von vierzehn bis achtzehn Jahren / kleine Kinder von vier bis acht Jahren) haben Nachtwanderungen und Diskotheken gern.
4. Eine City-Tour macht man (durch die Altstadt von Warschau / auf Campingplätzen im Nationalpark).

Lies mal!

This is a challenging text. Don't worry. The exercises that follow it will help you to understand.

Ein Meer von Wracks

Die Ostsee ist das wrackhaltigste Meer, und die meisten Schiffsreste liegen vor Rügen. Dies wird klar bei einem Blick unter den Meeresspiegel. Auf dem Sandboden sehen wir eine bizarre Ruinenlandschaft: Koggen, Kutter und Kanonenboote, Schuten, Schoner und Schaluppen, von Muscheln und Algen überwuchert, grünlich fluoreszierend, bräunlich-schwarz dahinrottend, aus allen erdenklichen Jahrhunderten und aus Hunderten von Seegefechten, umgeben von nicht mehr ganz runden Kanonenkugeln, abgerissenen Ankern und umgestürzten Masten. Die vielen Untiefen vor den Kreidefelsen an der Nordspitze Rügens und der gefürchtete Nordost waren in vielen Jahrhunderten einer Unzahl von Seglern zum Verhängnis geworden. 2000 gesunkene Schiffe werden vor der gesamten Küste Mecklenburg-Vorpommerns innerhalb der Zwölfmeilenzone vermutet. Etwa 150 historische Wracks liegen im Abstand von nur ein oder zwei Kilometern rund um Rügen. Sie sind gut erhalten, denn die Ostsee, das einstige Mare Balticum, mit ihrem geringen Salzgehalt ist nicht ideal für Bohrwürmer, die hölzernen Wracks in anderen Meeren den Rest geben.

Die prominentesten unter den Ostseewracks sind von einem Netz von unzähligen Gerüchten, Skandalen und Fragen umgeben:

- Hatte die Fähre „Estonia" von der russischen Mafia mit Rauschgift vollgestopfte Lastwagen an Bord?
- Hatte das deutsche U-Boot „U534" in den letzten Kriegstagen geheime Nazi-Dokumente, einen Schatz, Martin Bormann auf der Flucht nach Südamerika oder alles drei an Bord?
- Liegt irgendwo dort draußen der US-Klipper „Orkney", der im Jahre 1867 auf der Fahrt nach St. Petersburg sank? Mit 7,2 Millionen Dollar im Schiffstresor, jenen „Peanuts", mit denen die USA Alaska von Russland gekauft hatten?

Das Denkmalschutzgesetz des Landes verbietet—bei Geldbußen bis zu 300.000 Mark—nicht nur, Hand an die Schiffsruinen zu legen, sondern alle Nachforschungen vor Ort. Alles, was nur irgendwie nach Wrack aussieht, gehört dem Staat, keineswegs dem, der es findet. Wer es dennoch nicht unterlassen kann, Wracks zu plündern, muss wissen, dass seine Freude am Gefundenen begrenzt sein wird. Ob es sich um metallene Säbel, steinerne Schüsseln oder hölzerne Steuerräder handelt: Kommt es an die frische Luft und wird es nicht umgehend fachmännisch konserviert, zerbröselt es oftmals schneller, als der Platz in der Vitrine dafür freigeräumt ist.

This text is excerpted and modified from Wochenpost, *Ausgabe 30/96, via*
www.abc.se/~m10354/mar/rostock/wracks.htm

Wortschatz zum Text

das Wrack	*wreck*	der Schatz	*treasure*
die Muschel	*(sea)shell*	unterlassen	*to abstain from*
das Gefecht	*battle*	der Säbel	*saber*
das Gerücht	*rumor*	das Steuerrad	*steering wheel*
das Rauschgift	*drug*	umgehend	*immediately*
vollgestopft	*stuffed*	zerbröseln	*to crumble*

C. Die bizarre Ruinenlandschaft. Der dritte Satz im Text ist lang, aber nicht so schwierig. Was bedeutet er? (HINT: *The third sentence in the reading is very long, but you can take it apart and understand its different parts. Connect the parts of the sentence with their approximate meanings.*)

1. Auf dem Sandboden sehen wir eine bizarre Ruinenlandschaft:
2. Koggen, Kutter und Kanonenboote,
3. Schuten, Schoner und Schaluppen,
4. von Muscheln und Algen überwuchert,
5. grünlich fluoreszierend,
6. bräunlich-schwarz dahinrottend,
7. aus allen erdenklichen Jahrhunderten
8. und aus Hunderten von Seegefechten,
9. umgeben von nicht mehr ganz runden Kanonenkugeln, abgerissenen Ankern und umgestürzten Masten.

a. ____ Das sind alles Schiffe, die mit „K" anfangen.

b. ____ Das sind Schiffe, die mit „Sch" anfangen.

c. ____ Die kleinen Pflanzen und Tiere unter dem Wasser wachsen wild auf den kaputten Schiffen.

d. ____ Die Schiffe verrotten. Sie werden braun und schwarz.

e. ____ Die Schiffe unter dem Wasser schimmern und strahlen. Sie sehen grün aus.

f. ____ Die Schiffe, die da liegen, sind zu ganz verschiedenen Zeiten gebaut. Sie sind auch zu ganz verschiedenen Zeiten gesunken.

g. ____ Die Schiffsmasten sind kaputt und liegen neben den Schiffen. Die Schiffsanker liegen auch neben den Schiffen. Die Kugeln aus den Kanonen liegen auch neben den Schiffen und sind nicht mehr ganz rund.

h. ____ Es gibt Schiffe unter dem Wasser, die in vielen Kriegen und Kämpfen gesunken sind.

i. ____ Im Sand unter dem Wasser sind kaputte Schiffe. Sie sehen komisch aus.

D. Zum Text. Was bedeuten diese Ausdrücke? Finde die richtige Erklärung. (HINT: *Use context to help you choose the best equivalent for the following phrases from the reading.*)

1. ____ „das wrackhaltigste Meer"
   a. ein Meer mit vielen Schiffen und Segelbooten
   b. ein Meer mit sehr vielen gesunkenen Schiffen

2. ____ „der Meeresspiegel"
   a. ein blauer Badezimmerspiegel
   b. die Oberfläche des Wassers

3. ____ „die Untiefen vor den Kreidefelsen"
   a. das sehr tiefe Meer vor den Kreidefelsen
   b. die vielen flachen Stellen im Meer vor den Kreidefelsen

4. ____ „der gefürchtete Nordost"
   a. ein gefährlicher Mann aus dem Nordosten
   b. ein gefährlicher Wind aus dem Nordosten

5. ____ „ist den Seglern zum Verhängnis geworden"
   a. dadurch ist den Seglern etwas Schlimmes passiert
   b. die Segler haben etwas Schlimmes getan

6. ____ „ein Netz von Gerüchten"
   a. viele verschiedene Aussagen—man weiß nicht, welche wahr sind
   b. man hat sehr viel über dieses Fischernetz gesagt

7. ____ „Geldbußen bis zu 300.000 Mark"
   a. man muss bis zu 300.000 Mark Strafe zahlen
   b. man bekommt dafür bis zu 300.000 Mark

8. ____ „Wracks plündern"
   a. Sachen von einem Wrack retten, die sonst kaputt gehen
   b. Sachen von einem Wrack stehlen

9. ____ „Kommt es an die frische Luft [. . .] zerbröselt es"
   a. wenn es aus dem Wasser gebracht wird, dann zerfällt es in tausend kleine Stücke
   b. man muss es in kleinen Stücken an die Luft bringen

E. Spaß mit langen Ausdrücken. Sie sind ganz einfach zu verstehen! Welche Komponenten erkennst du? Verstehst du die Wörter nun besser? (HINT: *Breaking compounds into parts often makes them easier to understand. Write down the components of the following expressions. Use a dictionary if necessary.*)

MODELLE: wrackhaltig: das Wrack   + haltig (= es enthält)
          die Schiffsruine: das Schiff + die Ruine

1. der Schiffsrest: _____ + _____

2. das Seegefecht: _____ + _____

3. die Kanonenkugel: _____ + _____

4. der Salzgehalt: _____ + _____

5. der Bohrwurm: _____ + _____

6. der Kriegstag: _____ + _____

7. der Schiffstresor: _____ + _____

8. das Denkmalschutzgesetz: _____ + _____ + _____

Schreib mal!

F. Beschreib den Untergang eines Schiffes in der Ostsee. Erinnere dich an die Fähre „Estonia", das deutsche U-Boot „U534" oder an das amerikanische Schiff „Orkney". Was hatten sie an Bord? Wann sind sie gesunken? Was weißt du oder vermutest du noch? (HINT: *Choose one of these Baltic Sea shipwrecks: the ferry Estonia, the German U-Boat U534, or the American ship Orkney. Describe what was on board and when the ship sank. What else do you know or suspect? You might want to do some research on your own to supplement the information given in the text.*)

_____

_____

_____

_____

_____

_____

_____

_____

_____

_____

_____

_____

_____

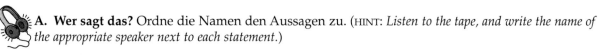

WIEDERHOLUNG 3

• •

VIDEOTHEK

• •

A. Wer sagt das? Ordne die Namen den Aussagen zu. (HINT: *Listen to the tape, and write the name of the appropriate speaker next to each statement.*)

M = Marion   V = Vera   L = Lars   H = Heinz

1. _____ Ich kann meine blaue Bluse nicht finden.

2. _____ Die haben's gut, die fahren in Urlaub.

3. _____ Wir fahren nach Rügen, auf eine Insel.

4. _____ Ich krieg den Koffer einfach nicht zu.

5. _____ Überhaupt nichts zum Anziehen, hä?

6. _____ Schreibt mal eine Postkarte.

B. In der Pension. Setze die fehlenden Wörter ein. (HINT: *Fill in the missing words.*)

1. MICHAEL: _____ _____. Ich heiße Michael Händel.

2. FRAU HÄNDEL: So, das ist Ihr _____.

3. FRAU HÄNDEL: Frühstück gibt es bis um _____.

4. MICHAEL: Hallo! Wie _____ es Ihnen in Sellin?

5. MARION: Leider zu kalt zum _____.

6. MICHAEL: Aber nicht zum _____.

7. MICHAEL: Du weißt nicht, wie schön _____ _____ ist.

VOKABELN

• •

A. Was macht Alma am liebsten im Urlaub? Kreuze an, was du hörst. (HINT: *Listen to Alma describe some of her favorite vacation activities. Mark the activities you hear.*)

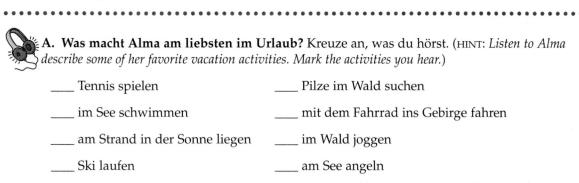

____ Tennis spielen

____ im See schwimmen

____ am Strand in der Sonne liegen

____ Ski laufen

____ alte Burgen besichtigen

____ Pilze im Wald suchen

____ mit dem Fahrrad ins Gebirge fahren

____ im Wald joggen

____ am See angeln

____ in die Sauna gehen

B. Was haben sie gemacht? (HINT: *Say what the following people did on vacation.*)

Du hörst: Was hat deine Oma gemacht?
 Du liest: meine Oma / schlafen / am Strand
Du sagst: Meine Oma hat am Strand geschlafen.
Du hörst: Hat sie wirklich am Strand geschlafen?

  1. mein Bruder / bleiben / Schweden
  2. mein Freund / fahren / nach Island
  3. meine Schwester / kommen / nach Liechtenstein
  4. meine Mutter / laufen / durch Belgien
  5. mein Vater / mitkommen / nach Dänemark

 C. Wie ist das? Verwende den Plural. (HINT: *Use the plural to describe the following geographical features.*)

 Du liest: das Meer / blau
Du sagst: Die Meere sind blau.
Du hörst: Die Meere sind blau.

  1. der Strand / lang
  2. die Heide / braun
  3. der See / schmutzig
  4. der Fluss / sauber
  5. die Halbinsel / klein
  6. die Wiese / grün

D. Womit kann man in Urlaub fahren? Schreibe fünf Möglichkeiten auf. (HINT: *Write down five different modes of transportation one can use to go on vacation.*)

  MODELL: das Auto

  1. _____

  2. _____

  3. _____

  4. _____

  5. _____

E. Was zieht man an? Schreibe die Kleidungsstücke auf. (HINT: *Write down the pieces of clothing one would need in each of the following situations.*)

1. Das zieht man zum Baden an.

   a. _____

   b. _____

2. Das zieht man für ein Konzert an.

   a. _____

   b. _____

3. Das trägt man an den Füßen.

   a. _____

   b. _____

F. Was ist richtig? Umkreise das richtige Wort. (HINT: *Circle the correct completion for each sentence.*)

1. Einen Rock muss man (anprobieren / anrufen).

2. Am Bahnsteig muss man (fliegen / aufpassen).

3. Im Hotel muss man die Übernachtung (dauern / buchen).

STRUKTUREN

• •

A. Walters Reise nach Nürnberg. Schreib das Hilfsverb und das Partizip zu den Verben, die du hörst. (HINT: *Write down the auxiliary and the participle for each verb you hear.*)

Du hörst: reisen

Du liest: Walter _____ mit dem Zug _____.

Du schreibst: Walter ___*ist*___ mit dem Zug _____*gereist*_____.

1. Er _____ in einem Hotel _____.

2. Er _____ früh _____.

3. Er _____ seine Theaterkarte _____.

4. Er _____ zum Schönen Brunnen _____.

B. Missverstanden. Beantworte die Fragen, die du hörst, mit den Informationen aus der Aktivität A. (HINT: *A friend has misunderstood what Walter did. Answer the questions you hear with the information from Activity A above.*)

Du hörst: Ist Walter mit dem Bus gereist?
Du liest (in A):   Walter ist mit dem Zug gereist.
Du sagst: Nein, Walter ist mit dem Zug gereist.
Du hörst: Ach, er ist mit dem Zug gereist.

C. Kommt mit nach Nürnberg! Schreib Sätze im Imperativ. (HINT: *You are urging people to visit Nürnberg with you. Write sentences in the imperative.*)

MODELL: du: nach Nürnberg kommen! →
Komm nach Nürnberg!

1. ihr: Nürnberger Lebkuchen essen

   _____

2. Sie: die Sebaldus-Kirche besichtigen

   _____

   _____

3. du: deine Freundin einladen

   _____

D. Ein Brief aus Nürnberg. Schreibe diesen Brief im Imperfekt. (HINT: *Rewrite this letter, changing all the underlined words into the simple past tense.*)

Liebe Saskia,

es ist so schön in Nürnberg. Schade, dass du nicht hier bist. Ich habe ein Einzelzimmer in einem kleinen Hotel. Das Hotel ist mitten im Zentrum, und ich kann zu allen Sehenswürdigkeiten laufen. Ich will die Nürnberger Burg besichtigen, und ich muss unbedingt das Albrecht-Dürer Haus sehen. Weißt du, dass Albrecht Dürer Maler ist und er ein Haus hier in Nürnberg hat? Abends soll ich Freunde von mir besuchen. Sie haben Karten für ein Konzert, und ich darf mitkommen. Danach können wir noch einen Kaffee trinken. Aber ich bin sehr einsam ohne dich.

Liebe Grüße,
dein Walter

_____

_____

_____

_____

_____

_____

_____

_____

_____

_____

10 DIE WESPE

VIDEOTHEK

A. Stimmt das oder stimmt das nicht? Kreuze die richtige Lösung an. (HINT: *Mark whether the following statements are true or false.*)

Die Wespe hat zugestochen!

	JA	NEIN
1. Michael schreibt einen Artikel über den Direktor.	☐	☐
2. Die Schüler finden den Artikel gut.	☐	☐
3. Silke sagt: „Die Biene kann stechen, genau wie dein Artikel."	☐	☐
4. Karin sagt: „Dein Artikel ist nicht klasse."	☐	☐

B. Die Schüler sind politisch aktiv. In welcher Reihenfolge hörst du das? (HINT: *Marion and the professor are discussing student political involvement in Germany. Mark the order in which you hear the statements.*)

a. ____ Ja, sie demonstrieren, sie protestieren, sie engagieren sich einfach für alles, für Politik, für Umwelt, für ihre Rechte.

b. __2__ Sie müssen demonstrieren. Sie wollen Michael doch unterstützen. Pressefreiheit in der Schule!

c. ____ Sie müssen etwas unternehmen. Sie protestieren. Eine Demonstration!

d. ____ Aber manche Schülerinnen und Schüler in Deutschland sind politisch und sozial engagiert.

Eine Demonstration steht an.

C. Was ist richtig? Umkreise die richtige Lösung. (HINT: *Circle the correct answer.*)

1. Das Lieblingswort von Herrn Bolten ist (eine Frechheit / die Wespe).

2. Die Freundin von Michael ist (Silke / Karin).

3. Michael ist in Klasse (Elf / Zwölf / Dreizehn).

4. Der Direktor, Herr Lenzen, ist (nicht fair / sehr fair) zu Michael.

VOKABELN

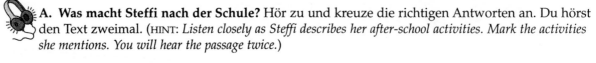

A. **Was macht Steffi nach der Schule?** Hör zu und kreuze die richtigen Antworten an. Du hörst den Text zweimal. (HINT: *Listen closely as Steffi describes her after-school activities. Mark the activities she mentions. You will hear the passage twice.*)

____ Hausaufgaben machen

____ Schi laufen

____ Schulbus fahren

____ im Park joggen

____ auf dem Sportplatz Fußball spielen

____ schlafen

____ pauken

____ fernsehen

____ Briefe schreiben

____ mit einer Freundin telefonieren

____ Tennis spielen

B. **Stefan zeigt dir seine Schule.** Was erwähnt er? (HINT: *Stefan is showing you around his school. Circle the places he mentions.*)

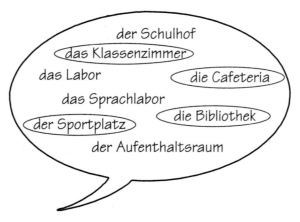

C. **Was machst du dort?** (HINT: *Answer the questions about what you do in various places, using the cues provided.*)

Du hörst: Was machst du in der Bibliothek?
Du siehst: interessante Bücher lesen
Du sagst: In der Bibliothek lese ich interessante Bücher.
Du hörst: In der Bibliothek lese ich interessante Bücher.

1. Spanisch lernen
2. über die Schule reden
3. essen
4. Computerspiele spielen
5. Basketball spielen

D. Stimmt das oder stimmt das nicht? Martin erzählt von einem typischen Schultag. (HINT: *Indicate whether a statement is correct or incorrect based on Martin's description of a typical school day.*)

	JA	NEIN
1. Der Lehrer gibt den Schülern eine leichte Klausur.	☐	☐
2. Martin schreibt einer Mitschülerin einen Brief.	☐	☐
3. Martin zeigt dem Mitschüler aus Amerika das Sprachlabor.	☐	☐
4. Die Lehrerin hilft den Schülern gerne.	☐	☐

E. Was machen sie? Vervollständige die Sätze. (HINT: *Use the words below to complete the sentences about what various people are doing.*)

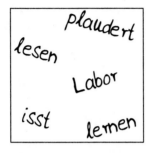

1. Die Schüler _____ im Klassenzimmer.

2. Frank _____ in der Cafeteria.

3. Sabine und Mareike _____ in der Bibliothek.

4. Jan _____ mit Rüdiger auf dem Schulhof.

5. Die Klasse 11 hat Unterricht im _____.

F. Was ist richtig? Kreuze die richtige Antwort an. (HINT: *Check the correct answer.*)

1. Ein Freund ärgert dich. Was sagst du?
   a. Du spinnst doch!
   b. Du bist echt klasse.

2. In der Schülerzeitung ist ___ erschienen.
   a. eine Notiz
   b. ein Artikel

3. Die Klausur war ___.
   a. schwer
   b. fleißig

4. Du hast die Klausur ___.
   a. bestanden
   b. geplaudert

5. Auf einer Demonstration ___ man.
   a. paukt
   b. protestiert

G. Ziehe Linien und bilde Sätze. (HINT: *Draw lines connecting phrases in the two columns to make logical sentences.*)

1. Die Note   echt klasse.

2. Wir diskutieren   waren schwer.

3. Die Hausaufgaben   bestanden.

4. Ich habe die Klausur die Mitschülerinnen.

5. Die Idee ist   war ungerecht.

6. Jan ärgert gerne   ein Problem.

H. Wie sieht Utes Schulalltag aus? Ergänze die Lücken! (HINT: *What is Ute's school day like? Fill in the blanks.*)

Cafeteria   reden über
Bus
Unterricht   Pause
Schulhof
Pausenbrot   läutet

Um halb acht fährt Ute mit dem _____ [1] zur Schule. Erstmal sitzen sie und ihre

Mitschülerinnen vor der Schule und _____ [2] Fernsehsendungen oder Musik. Dann

_____ [3] es und sie müssen alle zum _____ [4] gehen. In der ersten

Stunde ist Englisch, Utes Lieblingsfach. Die nächste Stunde ist Biologie. In der großen

_____ [5] geht Ute in die _____ [6] und holt sich ein

_____.[7] Oft geht sie nach draußen auf den _____,[8] wo sie sich

mit Michael trifft. Nach der Schule geht Ute nach Hause.

I. Wie sieht dein Schulalltag aus? Schreibe einen Absatz mit acht Sätzen. Benutze Utes Beschreibung als Modell. (HINT: *What is your school day like? Write a paragraph with eight sentences. Use Ute's description above as a model. Use as many of the words in the box in Activity H as you can, as well.*)

_____

_____

_____

_____

_____

_____

_____

_____

STRUKTUREN

· ·

A. Objekte. Hör zu und kreuze an, ob die Nomen direkte Objekte im Akkusativ oder indirekte Objekte im Dativ sind. Du hörst jeden Satz zweimal. (HINT: *Listen to the following sentences, and check off whether the nouns in the list below are used as direct objects, in the accusative, or as indirect objects, in the dative. You will hear each sentence twice.*)

	Akkusativ	Dativ
1. Vater		X
2. Tochter		
3. Bücher		
4. Kind		
5. Krawatte		
6. Schüler		
7. Lehrer		

B. Bücher, Bücher. Sag, wem du welche Bücher kaufst. (HINT: *Answer the questions, saying which book you're buying for whom.*)

die Eltern

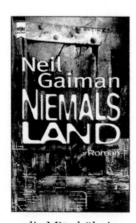
die Mitschülerin

die Großeltern

der Deutschlehrer

Du hörst: Wem kaufst du „Irgendwo in Deutschland"?
Du liest: „Irgendwo in Deutschland": die Eltern
Du sagst: Ich kaufe es den Eltern.
Du hörst: Ich kaufe es den Eltern.

   1. . . .   2. . . .   3. . . .   4. . . .   5. . . .

die Freundin

die Freunde

C. Familie Angerer im Kaufhaus. Sag, wem die Sachen gefallen. (HINT: *The Angerer family is shopping. Say who likes which item.*)

Du hörst: Wem gefällt das Hemd?
Du sagst: Dem Vater gefällt das Hemd.
Du hörst: Dem Vater gefällt das Hemd.

	das Hemd	die Jacke	der Rock	die Shorts	der Anorak	die Jeans
der Vater	X					
das Kind		X				
die Mutter			X			
der Neffe				X		
die Tante					X	
der Onkel						X

1. ... 2. ... 3. ... 4. ... 5. ...

 D. Minidialoge. Hör zu und ergänze die Lücken. (HINT: *Listen and fill in the blanks with the appropriate dative pronouns.*)

VERKÄUFERIN: Guten Tag, kann ich _____[1] helfen?

KUNDE: Ja, meine Frau hat Geburtstag. Ich möchte _____[2] eine Bluse schenken.

VERKÄUFERIN: Hier habe ich eine schöne Bluse in Blau. Die haben schon viele Kunden gekauft, weil

_____[3] die Farbe so gut gefällt.

DANIELA: Hallo, Alban! Zeig _____[4] mal deinen neuen Pullover.

ALBAN: Hier. Gefällt er _____?[5]

KATRIN: Also nein, die Farbe gefällt _____[6] überhaupt nicht.

DANIELA: Ich finde auch, dass er _____[7] nicht passt. Der ist doch viel zu klein!

ALBAN: Na ja, dann gebe ich ihn eben Thommy. Vielleicht passt der Pullover _____.[8]

E. Ein Telefongespräch. Jasmin ist Austauschschülerin in Irland. Beantworte die Fragen, die ihr Vater ihr am Telefon stellt. (HINT: *Jasmin is an exchange student in Ireland. Answer the questions her father asks her on the phone. Pay attention to the dative pronouns you will use to replace the underlined words.*)

MODELL: Jasmin, passt <u>dir</u> die neue Hose? → Ja, sie passt mir wunderbar!

1. Schickst du <u>deinem Bruder</u> eine Karte zum Geburtstag?

   _____

2. Bringst du <u>uns</u> Geschenke aus Irland mit?

   _____

3. Hilfst du <u>den Gasteltern</u> bei der Hausarbeit?

   _____

F. Wer schenkt wem was? Schreibe Fragen und Antworten mit den Informationen aus der Tabelle. (HINT: *Write questions and answers using the information in the table below.*)

MODELL: Was schenkt Daniela dem Mitschüler?
Sie schenkt ihm eine Schülerzeitung.

	der Mitschüler	die Großmutter	die Eltern	Herr Wiedemann	der Onkel	die Nachbarn	die Tante
Daniela	eine Schüler-zeitung						
1. Alban					ein CD-Spieler		
2. Thomas		Blumen					
3. Andy							ein Pullover
4. Brigitte			eine Lampe				
5. Karl						eine Standuhr	
6. Sabine				ein Fußball			

1. _____

_____

_____

2. _____

_____

3. _____

_____

4. _____

_____

5. _____

_____

6. _____

_____

AUSSPRACHE

Contrasting Vowel Sounds

A. Review of long and short umlauted vowels

Listen and repeat.

LONG Ä

fährt
schläft
Väter

SHORT Ä

hässlich
Mäntel
Ausländer

LONG Ö

Größe
böse
Söhne

SHORT Ö

Wörter
möchte
können

LONG Ü

Gemüse
grün
Brüder

SHORT Ü

Mütter
Glück
müssen

Satzbeispiele. Listen and circle the long umlauted vowels. You will hear each sentence twice.

1. Wir müssen heute Gemüse und Käse kaufen.

2. Mäntel, Röcke und Hüte gibt es in zwölf Größen.

3. Die Mützen gehören den Vätern und ihren Brüdern.

B. Distinguishing Short *e* and *ö*

Listen and repeat.

kennen/können   bellen/Böll
helle/Hölle   gelte/gölte

C. Und du? Warst du schon einmal auf einem Schulfest? Wann? Wo? Was hast du da gemacht? (HINT: *Have you ever been to a school fair? When? Where? What did you do there?*)

_____

_____

_____

_____

_____

_____

_____

_____

D. Stimmt das oder stimmt das nicht? Du hörst den zweiten Text noch einmal. (HINT: *You will hear the second text again. Mark whether the statements are true or false.*)

		JA	NEIN
1.	Wenn man das Wort Geburtstag hört, denkt man Stress.	☐	☐
2.	Der Autor feiert seinen 30. Geburtstag.	☐	☐
3.	Er feiert dieses Jahr mit seinen Eltern.	☐	☐
4.	Auf der Party gibt es Chips.	☐	☐
5.	Er bekommt ein Fußballtrikot von seinen Eltern.	☐	☐
6.	Von seinem Opa bekommt er einen Computer.	☐	☐
7.	Inge Schneider kommt, wie immer, zu früh.	☐	☐

E. Ein Happy End? Der Autor erzählt die Geschichte nicht zu Ende. Was passiert am Ende der Party, was denkst du? Warum heißt der Artikel: „Geburtstage: Segen oder Fluch"? (HINT: *The author doesn't finish the story. What do you think happens at the end of the party? Why is the article called* **"Geburtstage: Segen oder Fluch"**?)

_____

_____

_____

_____

_____

_____

_____

_____

_____

PERSPEKTIVEN

Hör mal zu!

A. Im Schulhof. Stefanie und Jenny erzählen über einen Montag an ihrer Schule. Hör gut zu. Was fehlt? Du hörst das Gespräch zweimal. (HINT: *Stefanie and Jenny are talking about their day in school. Listen carefully to their conversation, and fill in the missing words. You will hear the conversation twice.*)

STEFANIE: Hallo, Jenny. Wie war's heute bei dir in der _____?[1] Habt ihr was

Interessantes gemacht?

JENNY: Nee, eigentlich nicht. In Englisch haben wir _____[2] verglichen und

Grammatik gemacht.

STEFANIE: Englisch _____[3] ich heute nicht, aber meine Lateinstunde war bestimmt

noch schlimmer. Wir hatten einen Vokabeltest—niemand wusste davon. Dann

_____[4] wir eine Weile Übungen machen, weil Frau Hahn ins Lehrerzimmer

musste. Hattest du heute Physik bei dem Esser?

JENNY: Ja, in der dritten Stunde. Er hat fast die ganze Stunde nur Hausaufgaben angeschaut. Dann

haben wir von der _____[5] Notizen zum Thema Schwerkraft abgeschrieben.

Was habt ihr denn gemacht?

STEFANIE: Wir sind gar nicht zu den _____[6] gekommen. Esser hat mal wieder die

meiste Zeit über sein Wochenende gequasselt.

JENNY: Musik _____[7] heute für mich die Rettung. Wir haben „Yesterday" von den

Beatles durchgeprobt. Das singen wir beim Schulfest.

STEFANIE: Sagmal, hast du in der großen _____[8] den Hannes gesehen?

JENNY: Nee, hab' ich nicht.

STEFANIE: Du, jetzt muss ich aber schnell nach

Hause. Ich hab' eine Menge

Hausaufgaben in Geschichte.

JENNY: Also dann, tschüss bis morgen!

B. Wie war das noch mal? Beantworte jetzt die Fragen, die du zum Gespräch hörst, mit Hilfe des ausgefüllten Textes. (HINT: *How was that again? Answer the questions you will hear about the conversation, using the text you've just filled in to find the answers.*)

    1. . . .   2. . . .   3. . . .
    4. . . .   5. . . .   6. . . .

Am ersten Schultag bekommt man eine
Schultüte. Später . . .

Lies mal!

Eva: die große Angst in der Schule
und die kleinen Freuden danach

„Eva", sagt Herr Hochstein. Eva senkt den Kopf, greift nach ihrem Füller, schreibt. „Eva", sagt Herr Hochstein noch einmal. Eva senkt den Kopf tiefer, greift nach Lineal und Bleistift, zeichnet die Pyramide. Sie hört ihn nicht. Sie will ihn nicht hören. Nicht aufstehen, nicht zur Tafel gehen. Was tun? Sie sucht in ihrer Schultasche nach dem Radiergummi. Man kann lange nach einem Radiergummi suchen. Ein Radiergummi ist klein in einer großen Schultasche.

„Barbara", sagt Herr Hochstein. In der dritten Reihe steht Babsi auf und geht zur Tafel. Eva schaut nicht hoch.

„Gut hast du das gemacht, Barbara", sagt Herr Hochstein. Babsi kommt durch den schmalen Gang zwischen den Bänken zurück. Es klingelt.

Dritte Stunde Turnen. Im Umkleideraum Kichern und Lachen. Eva zieht die lange schwarze Turnhose an, wie immer, und dazu ein schwarzes T-Shirt mit kurzen Armen. Sie gehen zum Sportplatz. Frau Madler pfeift, und alle stellen sich in einer Reihe auf. Handball.

„Alexandra und Susanne wählen die Mannschaft".

Eva bückt sich, öffnet die Schleife an ihrem linken Turnschuh und zieht den Schnürsenkel heraus.

Alexandra sagt: „Petra".

Susanne sagt: „Karin".

Eva hat den Schnürsenkel durch die beiden untersten Löcher geschoben und zieht ihn gerade.

„Karola". – „Anna". – „Ines". – „Nina". – „Kathrin".

Eva schaut nicht hoch.

„Maxi". – „Ingrid". – „Babsi". – „Monika". – „Franziska". – „Christine".

Eva beginnt mit der Schleife. Sie kreuzt die Schnürsenkel und zieht sie zusammen.

„Sabine Müller". – „Lena". – „Claudia". – „Ruth".

„Sabine Karl".

Eva legt die Schleife.

„Irmgard". – „Maja". – „Inge". – „Ulrike". – „Hanna". – „Kerstin".

Ich muß meine Turnschuhe mal wieder waschen, denkt Eva.

„Gabi". – „Anita". – „Agnes". – „Eva".

Eva zieht die Schleife fest und steht auf. Sie ist in Alexandras Gruppe.

Mirjiam Pressler

aus Bitterschokolade, *Langenscheidt, 1992, pp. 9 – 11.*

Wortschatz zum Text

der Radiergummi	*eraser*
Es klingelt.	*The bell rings.*
der Umkleideraum	*locker room*
pfeifen	*to whistle*
die Mannschaft wählen	*to pick, choose teams*
die Schleife	*bow*
der Schnürsenkel	*shoelace*
das Loch, -ër	*hole*

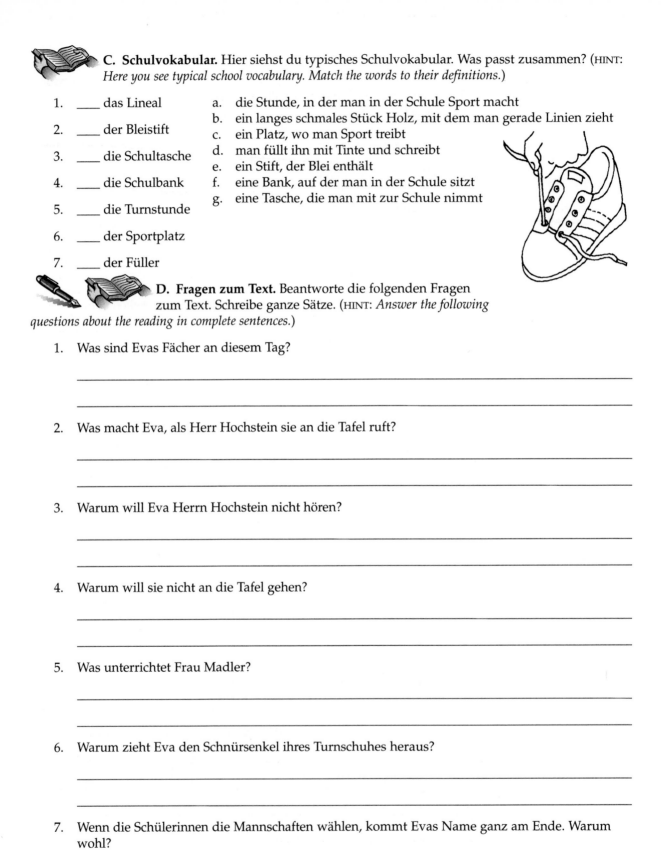

C. Schulvokabular. Hier siehst du typisches Schulvokabular. Was passt zusammen? (HINT: *Here you see typical school vocabulary. Match the words to their definitions.*)

1. ____ das Lineal
2. ____ der Bleistift
3. ____ die Schultasche
4. ____ die Schulbank
5. ____ die Turnstunde
6. ____ der Sportplatz
7. ____ der Füller

a. die Stunde, in der man in der Schule Sport macht
b. ein langes schmales Stück Holz, mit dem man gerade Linien zieht
c. ein Platz, wo man Sport treibt
d. man füllt ihn mit Tinte und schreibt
e. ein Stift, der Blei enthält
f. eine Bank, auf der man in der Schule sitzt
g. eine Tasche, die man mit zur Schule nimmt

D. Fragen zum Text. Beantworte die folgenden Fragen zum Text. Schreibe ganze Sätze. (HINT: *Answer the following questions about the reading in complete sentences.*)

1. Was sind Evas Fächer an diesem Tag?

_____

_____

2. Was macht Eva, als Herr Hochstein sie an die Tafel ruft?

_____

_____

3. Warum will Eva Herrn Hochstein nicht hören?

_____

_____

4. Warum will sie nicht an die Tafel gehen?

_____

_____

5. Was unterrichtet Frau Madler?

_____

_____

6. Warum zieht Eva den Schnürsenkel ihres Turnschuhes heraus?

_____

_____

7. Wenn die Schülerinnen die Mannschaften wählen, kommt Evas Name ganz am Ende. Warum wohl?

_____

_____

Schreib mal!

E. Und danach. . . . Der zweite Teil des Titels heißt „und die kleinen Freuden danach". Was ist damit gemeint? Was denkst du? (HINT: *The second part of the title is "**und die kleinen Freuden danach.**" What do you think that means?*)

_____

_____

_____

_____

_____

_____

_____

_____

_____

_____

F. Und du? Bist du mehr wie Eva, wie Barbara (im Unterricht von Herrn Hochstein) oder wie Alexandra (im Turnunterricht)? Wieso? (HINT: *Who are you most like: Eva, Barbara [in Herr Hochstein's class], or Alexandra [in gym class]? Why? Compare yourself to the one you are most like.*)

Ich bin wie (Eva / Barbara / Alexandra), weil . . .

1. _____

_____

_____

2. _____

_____

_____

3. _____

_____

_____

4. _____

_____

_____

G. Barbara und Alexandra in der Schule. Stell dir einen Schultag von Barbara oder Alexandra vor. Schreibe eine kurze Geschichte (einen Absatz) über Barbara oder Alexandra. (HINT: *Imagine what Barbara or Alexandra's school day is like. Write a short story [one paragraph] about one of the two girls. What does she think? What does she do? How does she behave towards Eva?*)

_____

_____

_____

_____

_____

_____

_____

_____

_____

_____

_____

Name _____

Datum _____

Klasse _____

II EIN LIEBESDRAMA

VIDEOTHEK

 A. In welcher Reihenfolge hörst du das? Nummeriere die Sätze. (HINT: *Number the following statements in the order you hear them.*)

a. _____ Na, dann viel Spaß bei Mathe!

b. _____ Da ist was runtergefallen . . . Fotos! Kann ich mal sehen?

c. _____ Tag, Silke!

d. _____ Komm, wir gehen in mein Zimmer.

e. _____ Ist es schon so spät?

f. _____ Ich denke, wir wollten Mathe machen?

Fotos!

 B. Was fehlt? Hör zu und ergänze die fehlenden Wörter. (HINT: *Listen and fill in the missing words in the following excerpts.*)

PROFESSOR: Also Marion, Sie wollen zwischen den beiden Probleme schaffen.

MARION: Ja, mein Brief mit den Fotos—das hat alles geändert.

PROFESSOR: Was haben Sie denn geschrieben?

MARION: Ach, nichts Wichtiges. „Oh, Michael! Die Zeit mit dir auf _____[1] war wunderschön. Das _____[2] auf dem _____[3] ist unvergesslich. Ob wir uns jemals wieder sehen? Und so weiter, und so weiter. Deine Marion."

PROFESSOR: Michael hilft seinem Vater, das Boot zu reparieren.

MICHAEL: Wir wollen noch Mathe machen.

PROFESSOR: Michaels Mutter ruft, weil Post von Marion gekommen ist.

FRAU HÄNDEL: Michael! Post für dich. Von Marion.

PROFESSOR: Silke ist mit dem _____[4] auf dem Weg zu _____[5]. Die beiden wollen zusammen _____,[6] denn sie schreiben eine _____[7] in Mathe.

MICHAEL: Ich denke, wir wollten Mathe machen?

PROFESSOR: Silke sieht die Fotos und liest Marions Brief.

SILKE: Lieber Michael . . . es war sehr schön mit dir im Boot . . . die Spaziergänge . . . Deine Marion.

PROFESSOR: Silke ist wütend. Sie steigt auf ihr Fahrrad und fährt weg.

VOKABELN

A. Interviews. Folgende Personen werden interviewt. Hör zu und markiere ihre Lieblingsfächer. (HINT: *The following people are being interviewed. Listen and mark their favorite subjects.*)

	1. Karen	**2. Thomas**	**3. Christa**	**4. Bodo**
Französisch				
Wirtschaft				
Geschichte				
Mathematik				
Biologie				
Chemie				

B. Wo lernen sie? (HINT: *Write the name of the type of school each of the following people is attending.*)

Du hörst: Ich muss noch ein Jahr an der Hauptschule machen.
Du schreibst: die Hauptschule

1. Finn _____

2. Cornelius _____

3. Michael _____

4. Jamina _____

5. Ulf _____

C. Janines Schultag. Du hörst Fragen. Beantworte sie mit Hilfe des Stundenplans. (HINT: *You will hear questions. Answer them using Janine's class schedule.*)

Janines Stundenplan					
	MONTAG	*DIENSTAG*	*MITTWOCH*	*DONNERSTAG*	*FREITAG*
8.00–8.45	Geschichte	Kunst	Chemie	Spanisch	Spanisch
8.50–9.35	Chemie	Kunst	Chemie	frei	frei
PAUSE					
9.55–10.40	Deutsch	Deutsch	Geschichte	frei	Deutsch
10.45–11.30	Mathematik	Mathematik	Spanisch	Mathematik	Mathematik
11.35–12.20	frei	Informatik	Informatik	Geschichte	Informatik
12.25–13.10	Spanisch	Sport	Deutsch	Chemie	Sport

Du hörst: Was hat Janine am Freitag um acht?
Du sagst: Am Freitag um acht hat sie Spanisch.
Du hörst: Am Freitag um acht hat sie Spanisch, das stimmt.

D. Wo und was lernen oder studieren diese Leute? (HINT: *Use the cues to say what the following people are studying and where.*)

Du hörst: Was studiert Herbert?
 Du liest: Deutsch an der Universität
Du sagst: Herbert studiert Deutsch an der Universität.
Du hörst: Herbert studiert Deutsch an der Universität? Das ist super.

1. Psychologie an der Universität
2. Mathematik am Gymnasium
3. Erdkunde in der Realschule
4. Musik an der Hochschule
5. Kunst an der Fachhochschule
6. Chemie an der Hauptschule

E. Setze die richtigen Wörter ein. (HINT: *Fill in the correct words.*)

1. Der Lehrer _____ an der Realschule.

2. Die Schülerin _____ in der Grundschule.

3. Die Hochschulprofessorin _____ an der Hochschule.

4. Der Schüler hat Mathematik und Literatur am Gymnasium

   _____.

5. Die Studentin _____ Sozialkunde an der Universität.

> unterrichtet
> belegt   lehrt
> lernt   studiert

F. Wie heißt das Fach? (HINT: *Name the subject suggested by the picture.*)

1. _____   2. _____   3. _____

4. _____   5. _____

G. Deine Freunde und Freundinnen. Was sind ihre Lieblingsfächer? (HINT: *Ask four friends to name their favorite subjects, and report what they say.*)

MODELL: Meine Freundin Maria lernt gerne Biologie.

1. _____

_____

2. _____

_____

3. _____

_____

4. _____

_____

H. Deine Lieblingsfächer. Was sind deine Lieblingsfächer? Was für Fächer hast du nicht so gern? Mach zwei Listen. (HINT: *What are your favorite subjects? What are not your favorite subjects? Make two lists.*)

LIEBLINGSFÄCHER

1. _____

2. _____

3. _____

FÄCHER, DIE ICH NICHT SO GERN HABE

1. _____

2. _____

3. _____

STRUKTUREN

• •

 A. Saskia kommt nach Hause. Hör zu und nummeriere die Sätze in der Reihenfolge, in der du sie hörst. (HINT: *Saskia is coming home from school. Listen and number the sentences according to the order in which you hear them.*)

a. ____ Sie hängt ihre Jacke in den Kleiderschrank.

b. __1__ Saskia kommt von der Schule nach Hause.

c. ____ Sie stellt ihre Bücher in das Bücherregal.

d. ____ Sie legt ihre Mütze auf den Stuhl.

e. ____ Sie steckt die Handschuhe in die Jacke.

f. ____ Sie stellt das Telefon auf den Tisch.

g. ____ Sie legt ihren Pullover auf das Bett.

B. Albans Zimmer. Hör zu, wie Alban sein Zimmer beschreibt, und verbinde die passenden Elemente. (HINT: *Listen to Alban describe his room, and match the elements from the numbered column with the appropriate elements from the lettered column.*)

1. ____ Der Spiegel hängt

2. ____ Das Poster hängt

3. ____ Das Bett steht

4. ____ Der Teppich liegt

5. ____ Das Sofa steht

6. ____ Der Stuhl steht

7. ____ Das Telefon steht

8. ____ Der Computer steht

     a. neben dem Bett.
     b. zwischen den Fenstern.
     c. hinter der Tür.
     d. auf dem Schreibtisch.
     e. vor dem Bett.
     f. unter einem Fenster.
     g. neben dem Schreibtisch.
     h. an der Wand.

C. Chaos im Zimmer. Daniela hat seit Wochen nicht aufgeräumt. Hilf ihr, ihre Sachen zu finden! (HINT: *Daniela hasn't cleaned her room in weeks. Help her to find her belongings.*)

Du hörst: Wo liegen die Bücher?
Du sagst: Unter dem Bett.
Du hörst: Unter dem Bett.

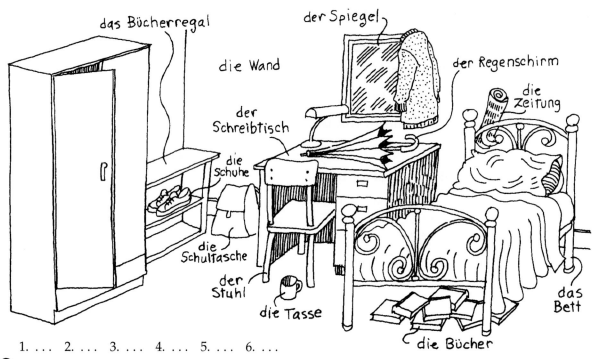

1. . . . 2. . . . 3. . . . 4. . . . 5. . . . 6. . . .

 D. Aufräumen. Jetzt hilfst du Daniela beim Aufräumen und sagst ihr, wohin sie die Sachen legen, setzen, stellen oder stecken soll. (HINT: *Now you help Daniela to restore order. Tell her where to put her belongings.*)

Du hörst: Wohin soll ich die Bücher stellen?
Du liest: in / das Bücherregal
Du sagst: Ins Bücherregal!
Du hörst: Ins Bücherregal! Gut!

1. auf / der Schreibtisch
2. an / die Wand
3. in / der Kleiderschrank
4. unter / das Bett
5. auf / der Schreibtisch
6. auf / der Stuhl

E. Im Restaurant „Tomate". Alban und Thomas gehen ins Restaurant. Ergänze die Lücken mit dem passenden Verb. (HINT: *Alban and Thomas go to the restaurant „Tomate." Fill in the blanks with the appropriate verb in parentheses.*)

1. Im Restaurant „Tomate" kann man gemütlich _____ (setzen / sitzen).

2. Alban _____ (stellt / steht) seinen Regenschirm an die Garderobe.

3. Er _____ (legt / liegt) seine Mütze auf die Garderobe.

4. Thomas _____ (hängt / setzt) seine Jacke über den Stuhl.

5. Unter dem Tisch _____ (legt / liegt) ein Hund.

6. Der Kellner _____ (hängt / legt) die Speisekarte auf den Tisch.

F. Besuch aus Deutschland. Eine Freundin aus Deutschland kommt dich besuchen und hat viele Fragen. Beantworte sie und benutze dabei die Angaben in Klammern. (HINT: *A friend from Germany is visiting you and has a lot of questions. Answer them, using the information in parentheses.*)

1. Wo kaufst du Wasser und Saft? (in / der Supermarkt)

   _____

2. Und wo ist der Supermarkt? (neben / der Bahnhof)

   _____

3. Wohin gehen wir heute Nachmittag? (in / der Park)

   _____

4. Wohin fahren wir morgen? (an / der Strand)

   _____

5. Und wo steht dein Auto? (auf / die Straße)

   _____

G. Das Familienporträt. Beschreibe das Familienporträt so genau wie möglich. Benutze Präpositionen wie **auf, hinter, neben, vor** und **zwischen.** (HINT: *Describe the family portrait in as much detail as possible using prepositions like **auf, hinter, neben, vor,** and **zwischen.***)

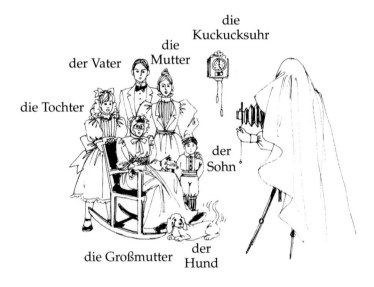

MODELL: Der Vater steht neben der Mutter und hinter der Tochter.

1. Die Mutter _____

2. Die Tochter _____

3. Die Großmutter _____

4. Die Kuckucksuhr _____

5. Der Hund _____

AUSSPRACHE

Contrasting Consonant Sounds; Initial *ch*

 A. The Contrast *ch/r* and *l/r*. As you have learned, **r** can be pronounced either in the back of the throat or with the tip of the tongue. When **r** is pronounced in the back of the throat, it sounds similar to the guttural **ch**, as in **a*ch*t, au*ch*,** and **do*ch*.** When **r** is pronounced with the tip of the tongue, it resembles the **l** sound.

Listen and repeat.

CH/R

acht/Art
Tochter/Torte
Bach/Bart
Woche/Worte

L/R

halt/hart
Geld/Gerd
wollt/Wort
wild/wird

B. The Contrast *ch/sch*. The soft **ch,** the **ch** sound in **mi*ch*** and **Mäd*ch*en,** is similar to the **sch** sound in **Ti*sch*** and **S*ch*ule.**

Listen and repeat.

CH/SCH

mich/mischen
wich/wisch
Fächer/fescher
durch/dusch

Listen carefully and check off which word you hear.

1. durch ☐ dusch ☐

2. Fichte ☐ fischte ☐

3. Löcher ☐ Löscher ☐

4. keuch ☐ keusch ☐

5. Furche ☐ forsche ☐

C. The Consonant Cluster *schst.* When pronouncing the consonant cluster **schst,** be careful to pronounce both the **sch** sound, as in **Ti***sch,* and a distinct **st** sound, as in **i***st.*

Listen and repeat.

> wä**schst**
> lö**schst**
> wi**schst**
> mi**schst**
> logi**schst**e

 D. Initial *ch.* In words from other languages, initial **ch** is usually pronounced as it would be in the original language. Place names with an initial **ch** sound should be learned individually.

Listen and repeat.

ENGLISH

> **Charter**
> **Chips**
> **checken**

FRENCH

> **Champagner**
> **Charme**
> **Chef**

GREEK

> **Chaos**
> **Chor**
> **Chemie**

PLACE NAMES

> **Chemnitz**
> **Chiemsee**
> **Chur**
> **China**
> **Chile**
> **Chicago**

EINBLICKE

• •

A. Hör zu! Lydia kommt nach Hause und erzählt ihrer Mutter, welche Noten sie in ihrem Zeugnis bekommt. Hör zu und fülle Lydias Zeugnis aus. (HINT: *Listen as Lydia tells her mother about her report card for the first semester. Fill in her grades in the report card below.*)

Heinrich-Heine-Gymnasium
Berlin-Reinickendorf

Zeugnis

__1.__ Kurshalbjahr der gymnasialen Oberstufe

FRITSCH, Lydia _____ , geboren am: ___6.4.86___

1. Aufgabenfeld:	Note	3. Aufgabenfeld:	Note
Deutsch	2	Mathematik	2−
Musik	---	Physik	---
Kunst	2+	Chemie	---
Englisch	2	Biologie	3−
Französisch	---	Informatik	---
Latein	---	_____--- _____	---
___Spanisch___	3−	_____--- _____	---
___Russisch___	3+	Weitere Fächer:	
2. Aufgabenfeld:		Sport	3
Weltkunde	2−	_____--- _____	---
Geschichte	---	_____--- _____	---

Versäumte Tage:	davon unentschuldigt:	Versäumte Einzelstunden:	davon unentschuldigt:	Verspätungen:
11	---	16	---	---

Bemerkungen:

Berlin, ___13. Januar 2000___

___Dr. M. Laske___
Schulleiterin

Gelesen: _____
Erziehungsberechtigte(r)

___A. Schwitzer___
Tutor

B. Stimmt das oder stimmt das nicht? Du hörst das Gespräch ein zweites Mal. Kreuze an „Ja"
oder „Nein". (HINT: *You will hear the conversation again. Mark **ja** or **nein**.*)

		JA	NEIN
1.	Lydia hat im 1. Kurshalbjahr elf mal gefehlt.	☐	☐
2.	Herr Schwitzer ist Lydias Englischlehrer.	☐	☐
3.	In Englisch bekommt Lydia eine 1.	☐	☐
4.	Sport ist Lydias Lieblingsfach, und sie bekommt wieder eine 1.	☐	☐
5.	Lydia hat in einer Klassenarbeit eine 5 bekommen.	☐	☐
6.	In Weltkunde hat Lydia eine 2 minus.	☐	☐

KULTURTIPP

Grades in German schools and universities are based on a six-number system. A grade of 1 is the
best and roughly equivalent to the letter grade A in North America. As with letter grades, number
grades can also have pluses or minuses.

GERMANY		NORTH AMERICA
sehr gut	1	A
gut	2	B
befriedigend	3	C
ausreichend	4	D
mangelhaft	5	F
ungenügend	6	F

PERSPEKTIVEN

Hör mal zu!

A. Schulzeit. Drei Personen erzählen über ihre Schulzeit. Was fehlt? Du hörst den Text zweimal. (HINT: *Listen as three people describe their school experiences, and fill in the missing words. You will hear their descriptions twice.*)

ANJA: Die schlimmsten _____[1] für mich in der Schule waren Mathematik und

Physik. Hoffentlich muss ich nie wieder eine Mathematikarbeit _____.[2] Und

ich bin sehr froh, dass ich Musik und _____[3] studiert habe. Mathematik war

ein Alptraum[a] für mich.

MAREIKE: Mein _____[4] in der Schule war _____.[5] Ich fand das doch

immer sehr interessant in Deutschland. Was ich nicht so gerne hatte, war Mathematik. Also

mit Mathematik, Nummern, das ist jetzt noch für mich ganz schrecklich.

CLAUDIO: Also, in die _____[6] bin ich in Winterthur gegangen. Dort habe ich meine

Grundschule absolviert, danach bin ich nach Zürich umgezogen, hab' dort das Gymnasium

gemacht, und danach bin ich an die _____[7] Zürich gegangen, wo ich

_____[8] studiert habe. Meine Lieblingsfächer sind _____[9]

und Computerwissenschaften.

[a]*nightmare*

Lies mal!

Gedichte—warum?
Zwei Gedichte von Erich Fried

„Gedichte lesen"

(I)
Wer
von einem Gedicht
seine Rettung erwartet
der sollte lieber
lernen
Gedichte zu lesen.

(II)
Wer
von einem Gedicht
keine Rettung erwartet
der sollte lieber
lernen
Gedichte zu lesen.

„Eine Stunde"

(I)
Ich habe eine Stunde damit verbracht
ein Gedicht das ich geschrieben habe
zu korrigieren

(II)
Eine Stunde
Das heißt: In dieser Zeit
Sind 1400 kleine Kinder verhungert
Denn alle 2 Sekunden verhungert
ein Kind unter fünf Jahren
in unserer Welt

(III)
Eine Stunde lang wurde auch
das Wettrüsten fortgesetzt
und 62 Millionen achthunderttausend Dollar
wurden in dieser einen Stunde ausgegeben
für den Schutz der verschiedenen Mächte
voreinander
Denn die Rüstungsausgaben der Welt
Betragen derzeit
550 Milliarden Dollar im Jahr
Auch unser Land trägt dazu
sein Scherflein bei

(IV)
Die Frage liegt nahe
ob es noch sinnvoll ist
bei dieser Lage der Dinge
Gedichte zu schreiben.
Allerdings geht es
in einigen Gedichten
um Rüstungsausgaben und Krieg
und verhungernde Kinder.
Aber in anderen geht es
um Liebe und Altern und
um Wiesen und Bäume und Berge
und auch um Gedichte und Bilder

(V)
Wenn es nicht auch
um all dies andere geht
dann geht es auch keinem mehr wirklich um Kinder und Frieden

These two poems are from Erich Fried's collection Es ist was es ist - Liebesgedichte, Angstgedichte, Zorngedichte *(Berlin: Wagenbach, 1983).*

Wortschatz zum Text

die Rettung	*salvation*	die Rüstungsausgaben	*armament expenses*
verhungern	*to starve*	das Scherflein (*dimin.*)	*contribution*
das Wettrüsten	*arms race*	der Frieden	*peace*
die Mächte	*powerful states/countries*		

B. Zum Text. Was soll in einem guten Gedicht stehen? Was erwartest du von einem Gedicht? (HINT: *What should be included in a good poem? What do you expect from a poem?*)

Von einem guten Gedicht erwarte ich:

_____ einen Titel, der beschreibt, worum es sich handelt

_____ den Namen der Person, für die das Gedicht geschrieben ist (eine Widmung)

_____ viele Metaphore

_____ technische Sprache

_____ einfache Sprache

_____ ein positives Gefühl

_____ ein wichtiges Thema

_____ ernste Kommentare

_____ ein Abbild der Realität

_____ Antworten zu wichtigen Fragen

_____ Fragen, die keine Antworten haben

_____ die Beschreibung von schönen Dingen (Liebe, Freundschaft, Urlaub, . . .)

_____ die Beschreibung von Träumen

_____ Reime und einen starken Rhythmus

_____ Sonstiges: _____

_____

_____

C. Warum Gedichte? Durch das Gedicht „Gedichte lesen" will der Autor Erich Fried seine Leser einladen, sich Gedanken zu machen, warum man Gedichte liest. Was meinst du? Nenne drei Gründe, warum Menschen Gedichte lesen. (HINT: *In* „Gedichte lesen", *Erich Fried invites his readers to think about why we read poems. What do you think? Give three reasons why people read poems.*)

1. _____

_____

2. _____

_____

3. _____

_____

D. Wo sagt er das? Welche Strophen von „Gedichte lesen" passen zu den folgenden Gedanken? (HINT: *Which stanza(s) of the poem „Gedichte lesen" does each of these statements correspond to best?*)

	STROPHE I	STROPHE II	STROPHEN I UND II
1. Ein Gedicht kann einem Menschen helfen.	☐	☐	☐
2. Man soll Gedichten eine Chance geben.	☐	☐	☐
3. Man soll von Gedichten nicht zu viel erwarten.	☐	☐	☐

E. Was sagt Erich Fried? In dem Gedicht „Eine Stunde" spricht Erich Fried über das Gedichte schreiben. Was sagt er? Was sagt er nicht? Was meinst du? (HINT: *In the poem „Eine Stunde", Erich Fried talks about writing poems. What does he say? What doesn't he say? What do you think? Watch out: take the whole poem into account before you decide on individual conclusions!*)

	JA	NEIN	WENN JA: IN WELCHER STROPHE (WELCHEN STROPHEN)?
1. Ich verschwende zuviel Zeit mit dem Korrigieren meiner Gedichte.	☐	☐	_____
2. In einer Stunde passiert viel Schlimmes in der Welt.	☐	☐	_____
3. Eine Stunde ist nicht genug Zeit, um ein Gedicht zu korrigieren.	☐	☐	_____
4. Manchmal frage ich mich, ob es sinnvoll ist, Gedichte zu schreiben.	☐	☐	_____
5. Ich sollte nur politische Gedichte schreiben.	☐	☐	_____
6. Es ist wichtig, über die schönen Dinge im Leben nachzudenken und zu schreiben.	☐	☐	_____
7. Man soll nur Gedichte über Liebe, Wiesen, Bäume und Berge schreiben.	☐	☐	_____
8. Man kann die Welt nur positiv verändern, wenn man Positives und Negatives sieht.	☐	☐	_____
9. Man kann Kindern helfen, wenn man schöne Dinge für unwichtig hält.	☐	☐	_____

Schreib mal!

F. Welches Gedicht gefällt dir besser? Gib deine Gründe an. (HINT: *Which of the two poems by Erich Fried do you prefer? Give your reasons.*)

_____

_____

_____

_____

_____

G. Mein Gedicht. Jetzt kannst du bestimmt dein eigenes Gedicht schreiben. (HINT: *Now you can write your own poem. Go through the steps listed below.*)

1. Was ist dein Thema? _____

2. Schreib eine Liste von Wörtern und Ausdrücken, die in deinem Gedicht vorkommen sollen.

_____

_____

_____

_____

_____

_____

_____

_____

3. Schreib jetzt dein Gedicht!

_____

_____

_____

_____

_____

_____

_____

_____

_____

_____

12 SILKE

VIDEOTHEK

© 2000 WGBH Educational Foundation and CPB

Name _____

Datum _____

Klasse _____

A. In welcher Reihenfolge sagen der Professor und Marion das? Hör zu und nummeriere die Aussagen. (HINT: *In which order do the professor and Marion tell the story? Listen and number the statements.*)

a. ____ Eine romantische Geschichte, ein Märchen.

b. ____ Erzählen Sie eine Liebesgeschichte, ein Märchen.

c. ____ Sie gingen zusammen durch den Wald und kamen zu einem wunderschönen Schloss.

d. ____ Es war einmal eine junge schöne Frau. Sie machte mit ihrer Mutter eine lange, lange Reise.

e. ____ Aber nicht so eine Art von Märchen.

f. ____ Fotos? Damals gab es keine Kameras.

Ein Schloss wie im Märchen.

B. Silke redet mit ihren Freunden in der Disko. Was sagen sie? Hör zu und ergänze die fehlenden Wörter. (HINT: *Silke is talking with her friends in the discotheque. Listen and fill in the missing words in their conversation.*)

RUDI: _____,[1] Silke!

SILKE: Hi.

RUDI: Ist Michael auch da?

SILKE: Wer ist _____?[2]

SILKE: Danke.

KARIN: Ist die für mich?

SILKE: Find' ich nicht _____![3]

KARIN: Okay. Ich bestell' 'ne neue.

WERNER: Ist Micha auch da?

SILKE: Hab' ihn nicht _____![4]

KARIN: _____[5] Laune?

SILKE: Ach, lasst mich doch in _____![5]

VOKABELN

. . . .

A. Stimmt das oder stimmt das nicht? Hör dir mal die Geschichte von Parceo und Melli an und kreuze die richtige Antwort an. (HINT: *Listen to the story of Parceo and Melli, and check the correct answer.*)

		JA	NEIN
1.	Parceo ist ein kleiner König.	☐	☐
2.	Er lebt in einem kleinen Haus auf einem Baum.	☐	☐
3.	Parceo ist in Melli verliebt.	☐	☐
4.	Melli lebt am See.	☐	☐
5.	Parceo und Melli trafen sich immer am See.	☐	☐
6.	Parceo heiratete Melli.	☐	☐

B. Märchenurlaub. Was machen diese Märchenfiguren im Urlaub? Hör zu und setze die fehlenden Wörter ein. (HINT: *What do these fairy tale characters do on vacation? Listen and fill in the missing words.*)

1. König Karl _____ Drachen.

2. _____ Udo erlöst verwünschte Prinzessinnen.

3. Die böse _____ verwünscht kleine Kinder.

4. Rumpelstilzchen _____.

5. Schneewittchen _____ _____.

6. Der Froschkönig geht _____.

7. Aschenputtel hat keinen _____.

C. Das Märchen von Claudia und Florian. Hör zu und nummeriere die Sätze in der Reihenfolge, wie du sie hörst. (HINT: *Listen and number the sentences in the order you hear them.*)

a. ____ Florian ist ein großer, junger Prinz.

b. ____ Claudia ist eine schöne, junge Prinzessin.

c. ____ Und sie lebt in einem Schloss im Wald.

d. ____ Eines Tages geht Claudia im Wald spazieren.

e. ____ Er hat blonde Haare und blaue Augen.

f. ____ Und er lebt im Schloss am See.

g. ____ Florian reitet auf seinem Pferd durch den Wald.

h. ____ Sie hat braune Haare und grüne Augen.

i. ____ Sie sehen sich und verlieben sich.

D. Wie war das? Du hast Finn das Märchen von Claudia und Florian gerade erzählt, aber er hat Fragen. Beantworte seine Fragen. (HINT: *You have just told Finn the fairy tale of Claudia and Florian, but he has questions. Refer back to exercise C to answer his questions.*)

Du hörst: Wer ist Claudia?
Du sagst: Sie ist eine schöne, junge Prinzessin.
Du hörst: Sie ist eine schöne, junge Prinzessin?

   1. ... 2. ... 3. ... 4. ...
   5. ... 6. ... 7. ... 8. ...

E. Ein großes Schloss. Der König beschreibt sein Schloss. Markiere die Möbelstücke, die er erwähnt. (HINT: *The king is describing his castle. Check off the pieces of furniture he mentions.*)

	DIELE	KÜCHE	SCHLAF-ZIMMER	WOHN-ZIMMER	PRINZESSIN-ZIMMER	KÖNIGIN-ZIMMER
Bilder	✔	☐	☐	☐	☐	☐
Bett	☐	☐	☐	☐	☐	☐
Fernseher	☐	☐	☐	☐	☐	☐
Spiegel	✔	☐	☐	☐	☐	☐
Tisch	☐	☐	☐	☐	☐	☐
Zimmerpflanzen	☐	☐	☐	☐	☐	☐
Stühle	☐	☐	☐	☐	☐	☐
Herd	☐	☐	☐	☐	☐	☐
Geschirrspülmaschine	☐	☐	☐	☐	☐	☐
Mikrowelle	☐	☐	☐	☐	☐	☐
Nachttisch	☐	☐	☐	☐	☐	☐
Kommode	☐	☐	☐	☐	☐	☐
Schrank	☐	☐	☐	☐	☐	☐
Computer	☐	☐	☐	☐	☐	☐

F. Wie war das noch? Du hörst jetzt Fragen zu den Räumen im großen Schloss. Schau auf deine Antworten in der Tabelle in Aktivität E. (HINT: *How was that again? Now you will hear questions about the rooms in the big castle. Refer to your answers in the table in activity E.*)

Du hörst: Was gibt es in der Diele?
Du sagst: Es gibt einen Spiegel und viele Bilder.
Du hörst: Es gibt einen Spiegel und viele Bilder.

   1. ... 2. ... 3. ... 4. ... 5. ...

G. Alles ist hier falsch. Was passt zusammen? Verbinde die Satzteile. (HINT: *What goes together? Connect the sentence parts.*)

1. ____ Aschenputtel
2. ____ Der Froschkönig
3. ____ Rumpelstilzchen
4. ____ Schneewittchen
5. ____ Der König
6. ____ Die böse Stiefmutter

a. heiratete die Königin.
b. lebte bei den sieben Zwergen.
c. wohnte im Wald.
d. lebte im See.
e. hat Schneewittchen vergiftet.
f. wohnte in einem großen Haus.

H. Ein modernes Märchen. Ergänze die fehlenden Wörter. (HINT: *Fill in the missing words to describe the characters in a modern fairy tale.*)

> Aschenputtel
> leben
> erlöst
> vergiftet
> den Drachen

1. Die Prinzessin _____ den Prinzen mit einer E-Mail.

2. Die böse Stiefmutter _____ Schneewittchen mit einer Pizza.

3. Die sieben Zwerge _____ in sieben Städten.

4. Der König tötet _____ mit einem Laser.

5. _____ trägt Sportschuhe.

I. Was trägt diese exzentrische moderne königliche Familie? Beschreibe die Kleidung. (HINT: *Describe the clothing worn by this eccentric modern royal family.*)

der König   die Königin   die Prinzessin   der Prinz

1. _____

_____

_____

2. _____

_____

_____

3. _____

_____

_____

4. _____

_____

_____

STRUKTUREN

• •

 A. Stimmt das oder stimmt das nicht? Du hörst etwas über drei Freunde. Kreuze die richtige Antwort an. (HINT: *You will hear a story about three friends. Check the correct answer.*)

		JA	NEIN
1.	Ali kann gut Deutsch.	☐	☐
2.	Ali kennt die Werke von Hölderlin.	☐	☐
3.	Ali kennt Katharina schon seit drei Jahren.	☐	☐
4.	Katharina kann nur Volleyball spielen.	☐	☐
5.	Katharina weiß nicht, wer Hölderlin ist.	☐	☐
6.	Katharina kennt Birgit sehr gut.	☐	☐
7.	Birgit kennt Ali sehr gut.	☐	☐
8.	Birgit kann sogar ein bisschen Türkisch.	☐	☐

 B. Märchengestalten unterwegs. Beantworte die Fragen. (HINT: *The following fairy tale characters have taken to the road. Answer the questions.*)

Du hörst: Wie fährt Schneewittchen zur Arbeit?
 Du liest: Schneewittchen: der Bus
Du sagst: Schneewittchen fährt mit dem Bus zur Arbeit.
Du hörst: Schneewittchen fährt mit dem Bus zur Arbeit? Wie praktisch!

1. die sieben Zwerge: das Taxi
2. Rotkäppchen: die U-Bahn
3. der böse Wolf: das Auto
4. Rumpelstilzchen: das Fahrrad
5. der Froschkönig: die Concorde

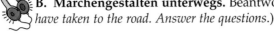 **C. Fragen über Fragen.** Du bist Deutsche(r), und die neue Austauschstudentin aus Amerika hat viele Fragen an dich. Antworte ihr! (HINT: *You're German, and the new exchange student from the United States has many questions for you. Answer them!*)

Du hörst: Wo bist du geboren?
 Du liest: in / die Stadt München
Du sagst: In der Stadt München.

1. bei / meine Eltern
2. mit / der Bus
3. zu / der Supermarkt
4. nach / das Abendessen
5. von / meine Mutter

D. Ein Prinz macht Ferien. Hör zu und ergänze die Lücken mit den Präpositionen. (HINT: *A prince is taking a vacation. Listen and fill in the blanks with prepositions.*)

Es war einmal ein Prinz, der lebte _____[1] einem schönen Schloss nahe _____[2] einem

Wald. _____[3] vielen Jahren war der Prinz nicht mehr _____[4] dem Schloss gegangen und

hatte _____[5] dem Schloss und dem Wald noch nichts _____[6] der Welt gesehen. Eines

Tages, _____[7] dem Frühstück, fuhr er _____[8] seinem Motorrad durch den Wald und er

fuhr immer weiter, bis er in die Stadt kam. Dort fuhr er _____[9] einem Flughafen und buchte

eine Reise _____[10] Hawaii. Und weil es in Hawaii so schön war, kam er nie wieder

_____[11] seinem Schloss zurück.

E. Berlin-Quiz. Frau Pfleger und Herr Braun sind zu Gast in einer Quizsendung. Kreuze an, wer die Antwort weiß, und bestimme den Gewinner. (HINT: *Frau Pfleger and Herr Braun are competing in a game show. Check off who knows the answer, and determine the winner.*)

	Frau Pfleger	**Herr Braun**
1.		
2.		
3.		
4.		
5.		
6.		

Wer hat gewonnen? Frau Pfleger oder Herr Braun? _____

F. Gespräch in der Schule. Ergänze die Lücken mit den passenden Formen von **können, kennen** oder **wissen.** (HINT: *Fill in the blanks with the correct forms of **können, kennen,** or **wissen.***)

weiß   weißt
kann
kannst   wissen
kennst
wisst   kenne

SABINE: Norbert, _____[1] du die neue Schülerzeitung?

NORBERT: Nein, ich _____[2] nur, dass sie „Fliegenpilz" heißt.

GIOVANNI: He, _____[3] ihr, wo mein Kugelschreiber ist?

NORBERT: Nein, woher sollen wir das _____[4]? Sag mal,

Giovanni, du _____[5] doch Italienisch, oder?

GIOVANNI: Na ja, ein bisschen. Ich _____[6] das Land Italien sehr gut, aber die Sprache spreche

ich nicht so gut, weil ich in Deutschland aufgewachsen bin. Warum?

NORBERT: Ach, wir haben nämlich eine Austauschschülerin aus San Remo und sie _____[7] nur

ganz wenig Deutsch. _____[8] du, wo San Remo liegt, Sabine?

SABINE: Ja, an der Riviera, in der Nähe von Nizza. Stimmt's, Giovanni?

GIOVANNI: Ganz richtig, Sabine.

G. Albans Reise nach Rheinhausen. Ergänze die Lücken mit der passenden Präposition. (HINT: *Fill in the blank with the suitable preposition.*)

1. Alban macht eine Reise _____ (nach / zu) Rheinhausen.

2. Er fährt _____ (bei / mit) dem Zug, damit er die Landschaft sehen kann.

3. Albans Schwester, Michaela, wohnt _____ (seit / aus) zwei Jahren in Rheinhausen.

4. _____ (Nach / Außer) seiner Schwester kennt Alban niemanden in Rheinhausen.

5. Zusammen _____ (außer / mit) seiner Schwester geht Alban einkaufen.

6. Sie gehen _____ (zum / beim) Supermarkt.

7. Abends sind sie _____ (seit / bei) Freunden von Michaela eingeladen.

8. Am nächsten Tag fährt Alban wieder _____ (nach / zu) Hause.

H. Die Austauschschülerin. Kathleen aus den USA ist an deiner Schule zu Besuch. Formuliere indirekte Fragen über Kathleen. (HINT: *Kathleen is an exchange student from the United States. Formulate indirect questions about Kathleen.*)

MODELL: Wie heißt die Schülerin? → Weißt du, wie die Schülerin heißt?

1. Woher kommt Kathleen? _____

_____

2. Wie alt ist sie? _____

_____

3. Wann ist sie nach Deutschland gekommen? _____

_____

4. Wie lange bleibt sie in Deutschland? _____

_____

5. Liest sie gern Bücher, oder hört sie lieber Musik? _____

_____

6. Wohnt sie bei einer Gastfamilie? _____

_____

I. Noch mehr über Kathleen. Verbinde die passenden Elemente und schreibe ganze Sätze über Kathleen. (HINT: *Match the elements, and write complete sentences about Kathleen.*)

kommt	isst alles	nach	außer	München
wohnt	fährt morgen	aus	ihrem Großonkel	Milch und Zucker
trinkt gerne Tee	mit	bei	Fleisch	Cincinnati

1. Kathleen _____

2. Sie _____

3. Kathleen _____

4. Sie _____

5. Sie _____

Name _____ Datum _____ Klasse _____

AUSSPRACHE

. . . .

Interference from Cognates and Common Foreign Words

Although the many cognates common to both German and English make it somewhat easy for the English speaker to learn German vocabulary, some similarities can cause interferences in pronunciation.

 A. The Letter _g_. As you have learned, the letter **g** in most German words is produced in the back of the throat with a sudden release of air. This **g** also occurs in many English words, for example _got_. Also common in English is a dental _g_ sound produced in the front of the mouth with the air vibrating as it passes between the teeth, for example in the word _gentle_.

Listen and repeat.

ENGLISH	GERMAN
region	Region
Norwegian	Norwegisch
register	Register
vegetarian	Vegetarier

In some borrowed words, the **g** is soft, as in English.

Listen and repeat.

Garage
Genie
Gelee
Genre

 B. The Letter _j_. Although **j** is pronounced as an English _y_, in some borrowed words it is pronounced as a soft **g.**

Listen and repeat.

Jackett
Jargon
Jalousie
Journal

C. The Diphthong _eu_. English and German share many words borrowed from Greek that begin with **eu.** In German, **eu** is pronounced similar to _oy_ in the English words _boy_ and _toy_.

Listen and repeat.

ENGLISH	GERMAN
Europe	Europa
eucalyptus	Eukalyptus
euphoria	Euphorie

D. Vocalic *y*. The **y** in words borrowed from Greek is usually pronounced as a short *i* in English. In German it is pronounced as a long or short **ü.**

Listen and repeat.

ENGLISH	GERMAN
analysis	Analyse
physics	Physik
gymnasium	Gymnasium
symbol	Symbol

E. Word and Syllable Division. Students learning German often have problems determining word or syllable division in compound words. This results in slurring together letters that belong to separate words and should be pronounced separately. A common mistake is pronouncing the **sh,** as in **Land*sh*ut,** like the English consonant cluster.

Scan the following words and try to determine the two elements of each compound. Write in a slash to mark the division of each word. Then listen to the pronunciation of each word and correct any mistakes.

1. Arbeitstag
2. Ludwigshafen
3. Geburtsort
4. Verkehrsamt
5. Vergnügungsort
6. Gundelsheim
7. Vereinshalle

Now listen to the words again and repeat.

F. The Glottal Stop. The glottal stop is used in both English and German to avoid running words together. A glottal stop is made when the glottis, the space between the vocal cords at the upper part of the larynx, closes and then quickly reopens. In English, the glottal stop is occasionally used, for example to distinguish between *night rate* and *nitrate.* German uses the glottal stop much more frequently, especially in front of all vowels at the beginning of a syllable or word, for example, in **ein alter Opa.** Speakers of North American English tend to run these words together (*einalteropa*).

You will hear short sentences read two times each. Indicate which speaker uses the glottal stop.

1. a. ☐ b. ☐
2. a. ☐ b. ☐
3. a. ☐ b. ☐

Satzbeispiele. Listen and repeat, using the glottal stop where indicated by the asterisk.

1. Im *April hat *Andreas *ein *aufregendes *Abenteuer *erlebt.
2. Er *ist *auf der *Autobahn von *Aachen nach *Innsbruck gefahren.
3. Gegen *Abend hat es geschneit und er musste im *Auto *übernachten.

EINBLICKE

• •

 A. Suchanzeigen. Hör gut zu. Wer wird gesucht? (HINT: *Listen to the following missing persons bulletins. Match each text to the fairy tale characters being sought.*)

1. ____

2. ____

3. ____

      a. Hänsel und Gretel
      b. Die sieben Zwerge
      c. Die Bremer Stadtmusikanten

 B. Fragen zum Inhalt. Du hörst die drei Texte noch einmal. Setze die fehlenden Wörter ein. (HINT: *You will hear the three texts again. Fill in the missing words.*)

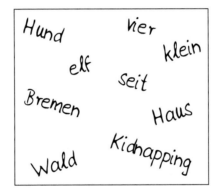

TEXT 1

1. Diese Bande wird wegen _____ gesucht.

2. Die Bande wohnt in einem _____ mit sieben Betten.

3. Die Männer dieser Bande sind _____.

TEXT 2

4. Diese Bande besteht aus _____ entlaufenen Tieren: einer Katze, einem

    Esel, einem Hahn und einem _____.

5. Die Tiere wollen nach _____ gehen.

TEXT 3

6. _____ gestern werden zwei Kinder vermisst.

7. Die beiden Geschwister sind im _____ verschwunden.

8. Der Junge ist zwölf und das Mädchen ist _____ Jahre alt.

C. Polizeisketch. Wähle eine der drei Suchanzeigen aus der Aktivität B und illustriere diese für die Polizei. (HINT: *Choose one of the three bulletins and make a police sketch of the missing person[s].*)

POLIZEISKETCH

PERSPEKTIVEN

•••

Hör mal zu!

A. Märchenfiguren. Was fehlt? Du hörst den Text zweimal. (HINT: *Listen to the following descriptions of fairy tale characters, and fill in the missing words. You will hear the text twice.*)

1. Ich bin eine sehr nette, hilfsbereite _____,[1] und ich besitze Zauberkräfte. Alle Leute _____[2] mich, denn ich kann Probleme lösen. Für ein armes _____[3] habe ich ein Kleid, goldene _____[4] und eine Kutsche mit weißen Pferden hergezaubert. Eine Königstochter sollte eigentlich sterben, aber ich habe den bösen Spruch gemildert, und sie musste nur lange _____.[5]

2. Wir sind klein, recht gutmütig und wohnen zusammen in einem kleinen _____[6] im Wald. Neulich ist ein schönes Mädchen zu uns gekommen. Sie hält unser Haus in Ordnung, während wir in den _____[7] arbeiten und Erz und Gold suchen. Sie hat recht viel Arbeit damit, denn wir haben alles siebenfach—sieben Teller, sieben Becher, sieben _____.[8] Wer sind wir?

3. Ich bin eine sehr schöne junge Frau. Mein Vater ist _____[9] im Land, aber trotzdem habe ich immer Probleme. Mal hat meine _____[10] mich weggeschickt, und ich war ganz allein im Wald. Mal hat eine böse Fee mich _____,[11] und ich musste lange, lange schlafen. Aber immer kommt ein schöner Königssohn und gibt mir einen Kuss. Das ist was Schönes.

4. Ich bin klein, grün, nass und für viele Leute ziemlich _____.[12] Einmal habe ich einer Königstochter ihre goldene Kugel geholt. Sie hat mir versprochen, mich mitzunehmen. Sie hat aber ihr Versprechen nicht eingehalten. Sie war vielleicht undankbar. Sie hat nicht _____,[13] dass ich ein verwünschter Königssohn bin.

5. Ich bin böse. Meistens trage ich _____.[14] Sehr oft verwünsche ich Königstöchter und Königssöhne. Manchmal entführe ich _____[15]

Lies mal!

Dornröschen

Es waren einmal ein König und eine Königin, die wollten so gern ein Kind haben, aber sie hatten keins. Endlich aber bekam die Königin ein Mädchen. Es war so schön, dass der König ein großes Fest plante. Er lud nicht nur seine Verwandten, Freunde und Bekannten, sondern auch die weisen Frauen dazu ein. Es lebten dreizehn weise Frauen in seinem Reich, aber weil er nur zwölf goldene Teller hatte, so mußte eine von ihnen daheim bleiben. Als das Fest zu Ende war, beschenkten die weisen Frauen das Kind mit ihren Wundergaben: die eine mit Tugend, die andere mit Schönheit, die dritte mit Reichtum und so mit allem, was auf der Welt zu wünschen ist. Als elf ihre Sprüche eben getan hatten, kam plötzlich die dreizehnte herein. Sie wollte sich dafür rächen, dass sie nicht eingeladen war, und rief: „Die Königstochter soll sich in ihrem fünfzehnten Jahr an einer Spindel stechen und tot hinfallen." Da trat die zwölfte weise Frau hervor, die ihren Wunsch noch übrig hatte, und sagte: „Es soll aber kein Tod sein, sondern ein hundertjähriger tiefer Schlaf, in den die Königstochter fällt."

Der König, der sein liebes Kind gern vor dem Unglück bewahren wollte, ließ den Befehl ausgeben, dass man alle Spindeln im ganzen Königreich verbrennen sollte. An dem Mädchen aber wurden die Gaben der weisen Frauen sämtlich erfüllt, denn es war sehr schön, sittsam und freundlich.

Eines Tages war das Mädchen ganz allein im Schloss. Es ging herum, besah alle Kammer und kam endlich an einen alten Turm. In diesem Turm saß eine alte Frau an einer Spindel. „Guten Tag!" sprach die Königstochter. „Was machst du da?" —„Ich spinne," sagte die Alte. „Was ist das?" fragte das Mädchen, nahm die Spindel und wollte auch spinnen, aber es stach sich damit in den Finger. In dem Augenblick fiel es auf das Bett nieder und lag in einem tiefen Schlaf. Das ganze Schloss fiel auch in einen Schlaf: der König und die Königin schliefen ein und alle Menschen im Schloss mit ihnen. Da schliefen auch die Pferde im Stall, die Hunde im Hof, die Tauben auf dem Dach, und die Fliegen an der Wand.

Rings um das Schloss aber begann eine Dornenhecke zu wachsen, die jedes Jahr höher wurde. Schließlich war gar nichts mehr von dem Schloss zu sehen. Nach einhundert Jahren kam ein Königssohn in das Land und hörte von dem Schloss und von der wunderschönen Königstochter. Nun war auch der Tag gekommen, da Dornröschen wieder erwachen sollte. Als der Königssohn zu der Dornenhecke kam, verwandelte sie sich in große, schöne Blumen. Er ging durch die Blumen auf den Hof und sah die Pferde, Hunde und Tauben schlafen. Und als er in das Haus kam, schliefen die Fliegen an der Wand. Da ging er weiter und sah im Saal den ganzen Hofstaat liegen und schlafen, und oben bei dem Thron lagen der König und die Königin. Endlich kam er zu dem Turm, wo Dornröschen schlief. Da lag es und war so schön, dass er die Augen nicht abwenden konnte und er gab ihm einen Kuß. Dornröschen schlug die Augen auf, erwachte und blickte ihn ganz freundlich an. Da gingen sie zusammen herab, und der König erwachte und die Königin und alle Menschen im Schloss und sahen einander mit großen Augen an. Und die Pferde im Hof standen auf und rüttelten sich; die Hunde sprangen und wedelten; die Tauben auf dem Dache zogen das Köpfchen hervor; die Fliegen an den Wänden krochen weiter. Und da wurde die Hochzeit des Königssohns mit dem Dornröschen in aller Pracht gefeiert und sie lebten vergnügt bis an ihr Ende.

Wortschatz zum Text

lud . . . ein (= *past tense of* einladen)	*invited*	verbrennen	*to burn*
beschenken	*to give gifts to*	die Kammer	*room*
der Spruch, -ë	*(here) magic wish*	der Turm	*tower*
sich rächen	*to get revenge*	stach (= *past tense of* stechen)	*pricked*
die Spindel	*spindle (used in spinning)*	die Dornenhecke	*hedge of thorns*
bewahren	*to spare, to save from*	abwenden	*to turn away*
der Befehl	*command*	vergnügt	*happily*

B. Wie ist es richtig? Dornröschens Geschichte ist durcheinander geraten. Bring die folgenden Sätze wieder in die richtige Reihenfolge. (HINT: *Sleeping Beauty's story is all mixed up. Put the following sentences back in the correct order.*)

a. ____ Als sie einmal allein im Schloss war, ging die Königstochter in einen alten Turm.

b. ____ Rings um das Schloss wuchs eine riesengroße Dornenhecke.

c. ____ Mit Dornröschen erwachte der ganze Hof, und die Hochzeit mit dem Königssohn wurde in aller Pracht gefeiert.

d. ____ Die dreizehnte rächte sich am König und der Königin mit einem Zauberspruch.

e. ____ Dornröschen und das ganze Schloss fielen in einen tiefen Schlaf.

f. ____ Der König lud nur zwölf der dreizehn weisen Frauen zum Fest ein.

g. ____ Als die hundert Jahre um waren, kam ein Königssohn, und die Dornenhecke verwandelte sich in große schöne Blumen.

h. ____ Als er Dornröschen fand, sah er, dass sie wunderschön war, und küsste sie.

i. ____ Er ging hindurch und sah den ganzen Hofstaat schlafen.

j. ____ Sie stach sich mit der Spindel in den Finger—so wie es die dreizehnte weise Frau vorhergesagt hatte.

C. Warum haben diese Figuren das gemacht? Verbinde jede Tat mit einem Grund. (HINT: *Why did these characters do that? Match each deed with a reason.*)

TAT

1. ____ Der König hat nur zwölf weise Frauen zum Fest eingeladen.

2. ____ Die dreizehnte weise Frau hat sich am König gerächt.

3. ____ Der König hat befohlen, alle Spindeln im Reich zu verbrennen.

4. ____ Der König plante ein großes Fest.

5. ____ Dornröschen fragte die alte Frau: „Was ist das?"

6. ____ Dornröschen wusste nicht, was eine Spindel war.

7. ____ Das ganze Schloss wachte auf.

GRUND

a. Das Mädchen war sehr schön.
b. Der König hatte befohlen, alle Spindeln zu verbrennen.
c. Der König hatte sie zum Fest nicht eingeladen.
d. Der Königssohn hat Dornröschen geküsst.
e. Dornröschen wusste nicht, was eine Spindel war.
f. Er hatte nur zwölf goldene Teller.
g. Er wollte das Mädchen vor dem Unglück bewahren.

Schreib mal!

 D. Schreibe ein modernes Märchen.

SCHRITT 1: Welche Figuren kommen vor? Was tun sie? Sei kreativ! (HINT: *Write a modern fairy tale. What figures appear? What do they do? Be creative!*)

Tipp zum Schreiben

Many traditional fairy tales take place in the past or in a timeless place. They are often full of fantastic events and imaginary characters. A modern fairy tale can also have fantastic events and imaginary characters. But at the same time these events or characters should in some way be modern. First, think about where the fairy tale takes place. It can be virtually anywhere! Then, decide on the characters. Will the fairy tale have people? Or perhaps imaginary creatures? You will then need some sort of conflict to make the story interesting. After all, without the wolf, Little Red Riding Hood would be boring! Does something bad happen in your fairy tale? Is there an evil character? Finally, decide how the fairy tale ends. Is the conflict resolved? Does it end happily?

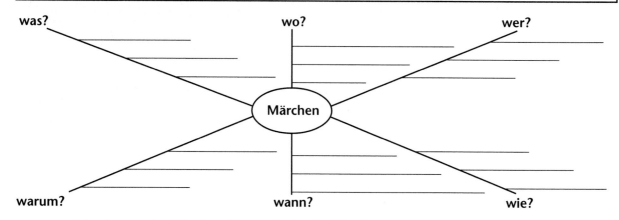

SCHRITT 2: Schreibe nun das Marchen. Verwende das Perfekt. (HINT: *Now write your fairy tale. Use the present perfect tense.*)

_____

_____

_____

_____

_____

_____

_____

_____

_____

_____

_____

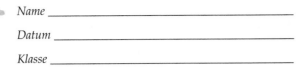

WIEDERHOLUNG 4

• •

VIDEOTHEK

• •

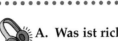 **A. Was ist richtig?** Hör zu und kreuze die richtige Antwort an. (HINT: *Listen to the following excerpts, and check the correct completion for each sentence.*)

1. Die Wespe ist . . .

    ☐ ein Telefon.

    ☐ eine Zeitung.

    ☐ ein Kugelschreiber.

2. Die Sekretärin heißt . . .

    ☐ Bolten.

    ☐ Klein.

3. Michael und Silke lernen . . .

    ☐ Deutsch.

    ☐ Physik.

    ☐ Mathematik.

4. Silke ist . . .

    ☐ glücklich.

    ☐ traurig.

Michael? Wer ist das?

B. Michael und Silke. In welcher Reihenfolge sagen Michael und Silke das? (HINT: *Listen to Michael and Silke's conversation. Number the following statements in the order you hear them.*)

a. ____ Deine Marion interessiert mich überhaupt nicht!

b. ____ Quatsch! Ich bin doch nicht eifersüchtig.

c. ____ Also gut, ich weiß, ja . . . Aber die Marion war in den Osterferien . . .

d. ____ Und was rennst du dann in die Disko?

e. ____ Bist du eifersüchtig?

f. ____ Ich kann ja wohl machen, was ich will.

g. ____ Ja, und dann hast du dich in sie verliebt.

Silke! Warte doch mal!

VOKABELN

A. Lindas Schule. Linda erzählt von ihrer Schule. Hör zu und setze die fehlenden Wörter ein. (HINT: *Linda is talking about her school. Listen and fill in the missing words.*)

1. Ich mache gerade mein Abitur an einem _____.

2. Fast jeden Tag habe ich _____.

3. Letzte Woche hatten wir eine _____ in Englisch.

4. Vor kurzem haben wir einen _____ ins Gebirge gemacht.

5. Die _____ und Schülerinnen kommen aus vielen Ländern.

6. Morgen haben wir eine _____.

7. Wir _____ gegen Ausländerfeindlichkeit.

8. Ich finde es wichtig, dass junge Leute ihre _____ äußern.

B. Märchenfiguren. Wer ist wer? Beantworte die Fragen, die du hörst. (HINT: *Who's who? Answer the questions you hear.*)

Du hörst: Wer ist der Vater vom Prinzen?
Du sagst: Das ist der König.
Du hörst: Ja, natürlich. Das ist der König.

1. . . .   2. . . .   3. . . .   4. . . .   5. . . .   6. . . .

der Froschkönig
der König   der Prinz
die böse Hexe
die Prinzessin   die Königin
Schneewittchen

C. Welche Schule? Verbinde die Satzteile. (HINT: *Which school? Match the sentence parts.*)

1. ____ Im Kindergarten
2. ____ In die Grundschule
3. ____ Im Gymnasium
4. ____ In die Hauptschule

a. bekommt man eine vertiefte allgemeine Bildung.
b. gehen rund ein Drittel aller Schüler.
c. kommen Kinder mit sechs Jahren.
d. sind kleine Kinder von drei bis fünf Jahren.

D. Welche Kurse? Schreibe die Kurse, die diese Personen belegen sollen. (HINT: *Write the courses these people should take.*)

MODELL: Erik will Chemiker werden. → Chemie, Biologie, Physik, Technik

1. Anna will Psychologin werden. _____

_____

2. Sebastian will Architekt werden. _____

_____

3. Sofie will Journalistin werden. _____

_____

E. Dein Lieblingslehrer oder deine Lieblingslehrerin. Beschreibe deinen Lieblingslehrer oder deine Lieblingslehrerin in fünf Sätzen. (HINT: *Describe your favorite teacher in five sentences.*)

1. _____
2. _____
3. _____
4. _____
5. _____

STRUKTUREN

A. Goethe diktiert seinem Sekretär. Beschreibe, wo die Gegenstände im Bild sind. (HINT: *Goethe is dictating to his secretary. Using the prompts, describe where the items and persons are located in the picture.*)

MODELL: Goethe / sein Sekretär →
Goethe steht neben seinem Sekretär.

1. der Sekretär / der Stuhl

   _____

   _____

2. der Spiegel / die Fenster

   _____

   _____

3. das Bild / der Schreibtisch

   _____

4. die Bücher / der Stuhl

   _____

   _____

5. die Uhr / der Tisch

   _____

   _____

6. die Blumen / der Spiegel

   _____

7. der Brief / der Tisch

   _____

B. Goethes Geschenkeliste. Hör zu, was Goethe seinem Sekretär diktiert und kreuze an, wer welches Geschenk bekommen soll. (HINT: *Listen to Goethe dictating his list of gifts, and check which gift is for whom.*)

	das Bild	die Uhr	der Ball	das Hemd	die Bücher	der Schal
der Vater						
die Mutter						
Herr Schiller						
Frau Vulpius						
der Neffe						
die Freunde						

C. Wie waren die Geschenke? Jetzt sagst du, wie die Geschenke den Leuten gefallen haben. (HINT: *Now say how the people liked their gifts.*)

Du hörst: Mir hat das Hemd sehr gut gefallen.
Du liest: der Vater
Du sagst: Dem Vater hat das Hemd sehr gut gefallen.
Du hörst: Dem Vater hat das Hemd sehr gut gefallen.

1. die Mutter
2. Herr Schiller
3. Frau Vulpius
4. der Neffe
5. die Freunde

D. Ein Abend in der Stadt. Schreib eine Notiz an deine Eltern oder Mitbewohner und benutze die Elemente aus dem Kasten. (HINT: *You are leaving for a night on the town. Write a note to your parents or roommates using the phrases from the box below.*)

> nach Hause
> nach dem Abendessen
> mit dem Bus
> im Restaurant
> ins Kino
> zu Freunden
> in die Stadt

Answer Key

Das Alphabet und die Aussprache

B. 1. Johann 2. Bach 3. Sigmund 4. Freud 5. Steffi 6. Heidegger 7. Luxemburg

C. 1. FAHRVERGNÜGEN 2. VERBOTEN 3. BLITZ 4. KINDERGARTEN 5. RUCKSACK 6. WUNDERBAR 7. ANGST 8. GEMÜTLICHKEIT 9. ZEITGEIST 10. GESUNDHEIT 11. VOLKSWAGEN

D. 1. for music 2. CITRUS FRESH 3. FREE WAY 4. Holiday Park 5. AIRPORT INFORMATION

Willkommen im Deutschkurs

B. 1. Guten Morgen, Frau Endermann! 2. Guten Tag, Herr Braun! 3. Hallo, Herr Kaiser! 4. Auf Wiedersehen, Lorenz! 5. Tschüss, Claudia!

C. 1. b. Ich mache das Buch auf. 2. c. Wir sprechen alle zusammen. 3. a. Ich spreche Deutsch. 4. b. Auf Wiedersehen!

Im Klassenzimmer

A. das Buch, der Stuhl, der Tisch, die Kreide, die Lehrerin, die Tafel, die Tür, die Wand

C. 1. Das ist der Kugelschreiber. 2. Das ist das Heft. 3. Das ist der Schwamm. 4. Das ist die Uhr. 5. Das ist der Schüler / Das ist der Student.

Die Kardinalzahlen

B. 1. Marion: 47 11 23 2. Das Filmtheater Rheinhausen: 56 17 34 3. Herr und Frau Lehmann: 08012 / 295

D. 1. 43 2. 103 3. 716 4. 1776

Die Wochentage

A. 3. August: Montag 4. August: Dienstag 5. August: Mittwoch 6. August: Donnerstag 7. August: Freitag 8. August: Samstag 9. August: Sonntag

Uhrzeit

B. 1. 9.30 2. 3.20 3. 5.21 4. 1.45 5. 11.55 6. 9.17

Wo spricht man Deutsch?

Official Language: Deutschland, Österreich, Liechtenstein, die Schweiz, Luxemburg und Belgien.

Many People: Frankreich, Dänemark, Italien, Tschechien, Rumänien, Polen und Russland.

KAPITEL 1: ARBEITSLOS

Videothek

A. 1. d. Hi. 2. f. Tag, Rüdiger. 3. a. Guten Tag, Herr Professor. 4. c. Hallo. 5. b. Guten Tag. 6. e. Mir geht es gut. Danke.

B. 1. Heinz 2. Marion 3. Heinz 4. Vera 5. Heinz 6. Lars 7. Vera 8. Heinz

Vokabeln

A. 1. NEIN 2. JA 3. NEIN 4. NEIN 5. JA 6. NEIN 7. JA 8. NEIN 9. NEIN

B. 1. Tochter 2. Schwestern 3. Bruder 4. Geschwister 5. Eltern; Frau 6. Vater

D. 1. arbeitslos 2. klein 3. unglücklich 4. fleißig 5. jung

E. Marina: lustig, romantisch, sympathisch; Majid: interessant, schön; Oliver: krank, nett, ruhig

F. 1. Jürgen ist der Großvater von Paul. 2. Christian ist der Vater von Paul. 3. Paul ist der Enkel von Jürgen. 4. Jürgen ist der Vater von Christian. 5. Paul ist der Sohn von Christian.

G. *Answers will vary.*

Strukturen

B. 1. heiße 2. ist 3. bin 4. heißen 5. angestellt 6. bin 7. neugierig 8. nett 9. heißt 10. heiße 11. Mutter 12. heißt 13. sind 14. große 15. langweilig

D. 1. das/es 2. die/sie 3. der/er 4. das/es 5. die/sie 6. die/sie

E. Der: Bleistift, Bruder, Kugelschreiber, Student, Stuhl, Tisch, Vater; Die: Mutter, Schwester, Studentin, Tafel; Das: Buch, Fahrrad, Fenster, Kind

F. 1. Häuser 2. Radios 3. Lampen 4. Stühle 5. Freunde

G. 1. es 2. Er 3. Sie 4. Sie 5. Er 6. wir 7. wir 8. du 9. ihr

H. 1. Ich heiße Joachim, und ich bin nett. 2. Du heißt Maria, und du bist interessant. 3. Er heißt Gernot, und er ist neugierig. 4. Wir heißen Babsi und Steffi, und wir sind gesund. 5. Ihr heißt Corinna und Alex, und ihr seid fleißig. 6. Sie heißen Herr und Frau Ulten, und sie sind lustig.

Aussprache

A. Satzbeispiele 1. Mein Name ist Anton. 2. Guten Abend, Marion. 3. Wandern in Aachen macht Spaß.

B. Satzbeispiele 1. Erika findet das Essen gut. 2. Herr Lehmann geht Tee trinken. 3. Das Wetter in Eberbach ist heute schlecht.

C. Satzbeispiele 1. „Himmel über Berlin" ist ein Film von Wim Wenders. 2. Ich bin aus Finnland. 3. Die Kinder spielen im Zimmer.

Einblicke

B. (1) Rügen, (2) das Erzgebirge, (3) Bayern, (4) der Schwarzwald, (5) das Ruhrgebiet

C. 1. Rügen: b. Touristik, c. Kreidefelsen 2. Bayern: a. Landwirtschaft, c. Oktoberfest 3. das Erzgebirge: a. Touristik, b. Weihnachtsdekorationen 4. das Ruhrgebiet: c. Industrie 5. der Schwarzwald: a. Touristik, c. Kuckucksuhren

D. Martina Hingis: Alter: 18; Größe: 1,62 m; Beruf: Tennisprofi; kommt aus: Trubbach/Schweiz; Eigenschaften: nett, freundlich, fleißig. Hans Zimmer: Alter: 41; Größe: — ; Beruf: Komponist; kommt aus: Frankfurt/Deutschland; Eigenschaften: sympathisch, fleißig

Perspektiven

A. 1. Ich 2. Berlin 3. Schülerin 4. eine 5. aus 6. Tochter 7. Name 8. wohne 9. bin 10. Stuttgart

B. 1. Marlene Hepach 2. [For her age, subtract 1982 from the current year.] / Marlene was born on May 15, 1982. / The day comes before the month in German. 3. in Berlin 4. reiten; lesen; her sisters and her teachers 5. favorite; favorite animals, favorite films and TV series, favorite books, favorite songs 6. Katzen, Pferde 7. *Answers will vary; one possible final answer is* German cinema and television have been strongly influenced by American culture. 8. characteristic sayings (things Marlene says a lot) 9. Mino 333; her mother; Ines

C. 1. d 2. e 3. b 4. c 5. a

D. *Answers will vary.*

E. *Answers will vary.*

K A P I T E L   2 :   K E I N   G E L D

Videothek

A. 1. du 2. Ist 3. Rüdiger 4. Ich 5. es 6. Papa 7. arbeitslos 8. wir

B. 1. Hallo, ich heiße Pia. 2. Ich bin Marions Freundin. 3. Wir gehen in die gleiche Schule. 4. Marion hat einen Freund, Rüdiger. 5. Mein Freund heißt Ali. 6. Wir machen alle das Abitur. 7. Mein Vater, Günther, ist nicht arbeitslos. 8. Er ist Friseur. 9. Tja, ich muss gehen. 10. Tschüss!

Vokabeln

B. 1. nein 2. nein 3. ja 4. ja 5. nein

C. 1. d 2. e 3. b 4. a 5. c

E. 1. lila 2. rot 3. blau 4. hellblau 5. weiß 6. orange

F. *Answers will vary.*

G. 1. Marion schwimmt gern. 2. Herr Koslowski spielt gern Fußball. 3. Frau Koslowski fotografiert gern. 4. Lars spielt gern Computerspiele. 5. Marion wandert gern.

H. *Answers will vary.*

Strukturen

A. 1. gehen 2. hat 3. sind 4. kommst 5. bist 6. geht 7. sagt 8. ist

D. 1. sitzt 2. kommt 3. liegt 4. schreibt 5. braucht

E. 1. S: Die Schüler, DO: das Abitur 2. S: Wir, DO: eine Pause 3. S: Rüdiger, DO: einen CD-Spieler 4. S: Frau Lehmann, DO: einen Brief 5. S: ihr, DO: einen Hund

F. 1. tanzen 2. schreibt 3. Spielst 4. höre 5. Geht 6. gehen

G. 1. wohnen 2. haben 3. gehe 4. mache 5. arbeitet 6. studiert 7. hört 8. spielt 9. schwimmen 10. bist

H. *Answers will vary.*

I. 1. hast, ein Buch, brauchst, ein Wörterbuch 2. hat, einen Freund, braucht, eine Freundin 3. habe, einen Bleistift, brauche, ein Heft 4. habt, eine Uhr, braucht, einen Overheadprojektor 5. haben, einen Stuhl, brauchen, einen Tisch 6. haben, einen Lehrer, brauchen, eine Lehrerin 7. eine Tafel

Aussprache

A. Satzbeispiele. 1. L̲othar hat ein gro̲ßes Auto. 2. Morgen kommt Frau L̲ohengrin. 3. Die r̲oten R̲osen kommen aus P̲olen.

B. Satzbeispiele. 1. Meine Mu̲tter ist sehr ruhig. 2. Marion ist klug, nicht du̲mm. 3. Alles Gute zum Gebu̲rtstag.

Einblicke

A. 1. b. um 7.50 2. c. Mathematik 3. a. Biologie 4. a. Der Lehrer ist interessant. 5. c. um 2.00 6. b. Er geht schwimmen.

B. 1. 18 700 2. 1200 3. Park 4. 60, 40

C. drinnen: Aerobic, Billard, Gymnastik
draußen: Bergwandern, Biken, Canyoning, Gleitschirmfliegen, Golf, Wildwasserfahren
drinnen oder draußen: Jogging, Schwimmen, Tennis, Tischtennis, Wellness

Perspektiven

A. 1. J 2. A 3. F 4. J 5. A 6. F 7. A 8. F

B.

	Wer?	Was?	Wo?	Wann?	Kontakt?	Extras?
Anzeige 1	Augenoptiker(in)	Müllers Brillenstudio, 2. Geschäft	Höchberg	ab sofort		
Anzeige 2	Hauswart	Speditionsanwesen	Wiesentheid		09383-6081	schöne 2-Zimmer Wohnung
Anzeige 3	Schlosser				09 31/35 57 50	
Anzeige 4	Dozenten/-innen	Netzwerk-Administration			877407 Z	
Anzeige 5	Kaufhausdetektive/-innen				0911/4625155	
Anzeige 6	Reinigungskraft	Niederlassung		8 Stunden pro Woche, 2 × wöchentlich	09 31/96 88-0	

C. *Answers will vary.*

D. *Answers will vary.*

KAPITEL 3: WIE GEHT ES PAPA?

Videothek

A. 1. V 2. H 3. B 4. V 5. B 6. V

B. 1. der Sessel 2. der Herd 3. das Badezimmer 4. die Toilette 5. der Spiegel 6. das Schlafzimmer 7. das Bett 8. der Nachttisch 9. die Lampe

C. 1. Koslowski 2. Rheinhausen 3. 18 4. Bruder; Rüdiger 5. Vater

Vokabeln

A. Anja: Küche, Bad, Schlafzimmer; Daniel: Küche, Bad, zwei Schlafzimmer, zwei Wohnzimmer; René: Diele, Küche, Schlafzimmer, Wohnzimmer, Esszimmer; Anne: Küche, Bad, Schlafzimmer, Wohnzimmer

C. *Order of answers may vary.* 1. das Kopfkissen 2. der Teppich 3. das Telefon 4. der Nachttisch 5. die Lampe 6. die Zimmerpflanzen 7. die Kommode 8. die Stereoanlage 9. die Standuhr

D. *Answers will vary. Possible answers include* Ich brauche . . . eine/keine Geschirrspülmaschine; eine/keine Lampe; eine/keine Mikrowelle; eine/keine Zimmerpflanze; einen/keinen Herd; einen/keinen Kühlschrank; einen/keinen Stuhl; einen/keinen Tisch/Esstisch; ein/kein Waschbecken.

E. *Some answers may vary slightly.* 1. Ich schlafe im Bett. 2. Johannes fährt Fahrrad. 3. Martin liest ein neues Buch. 4. Sigrid isst am Esstisch. 5. Uta spricht Deutsch. 6. Dorothea sieht fern. 7. Erich läuft im Wald.

F. *Answers will vary.*

G. *Answers will vary.*

Strukturen

A. 1. trinken 2. laufen 3. fernsehen 4. essen 5. fahren 6. spielen

B. a. laufen b. trinken c. essen d. spielen e. aufstehen f. fahren g. fernsehen

F.

	Herr Braun		Frau Pfleger	
	Das hat er	Das hat er nicht	Das hat sie	Das hat sie nicht
zwei Badezimmer	X			X
eine Geschirrspülmaschine	X		X	
drei Waschbecken	X			
ein antiker Spiegel		X	X	
eine Mikrowelle		X	X	
eine Standuhr		X	X	
ein Klavier	X			X

G. 1. Jeden Tag steht[1] Dieter um 8 Uhr auf.[2] 2. Dann isst[3] er Toast und Marmelade und trinkt[4] eine Tasse Tee. 3. Er putzt[5] die Wohnung[6] oder spricht[7] mit seinen Nachbarn. 4. Danach fährt[8] er zur Arbeit. 5. Abends sieht[9] er meistens fern[10] und geht[11] um elf Uhr zu[12] Bett.[13]

H. 1. Nein, ich komme nicht aus Unterpfaffenhofen. 2. Nein, ich bin nicht nett und freundlich. 3. Nein, ich habe keinen Sofatisch. 4. Nein, ich habe kein Waschbecken. 5. Nein, ich komme nicht mit.

I. *Answers will vary.*

Aussprache

A. Satzbeispiele. 1. Wir fahren nächstes Jahr nach Altstätten. 2. Marion fährt mit der Bahn nach Basel. 3. An der Universität gibt es achtzig Studienplätze für Ausländer.

B. Satzbeispiele. 1. Marion fährt oft nach Österreich. 2. Das Sofa ist schön groß. 3. Wir hören zwölf neue Wörter.

C. Satzbeispiele. 1. Wir haben fünf Stühle. 2. Um zwei Uhr hat Marion die Abiturprüfung. 3. Herr Lehmann liest hundert Bücher im Jahr.

Einblicke

B. 1. c 2. b 3. a 4. c 5. a

C. *Answers will vary.*

Perspektiven

A. 1. 17. (siebzehnten) 2. 2 (zwei) 3. klein 4. ist 5. hat 6. 1750 (siebzehnhundertfünfzig) 7. 1000 (tausend) 8. 390 (Dreihundertneunzig) 9. Küchen 10. ruhig 11. [Schreib]tisch 12. gibt 13. sind

B. 1. Die Handwerker setzen Stein auf Stein. 2. Der Maler streicht die Wände fein. 3. Der Glaser setzt die Scheiben ein. 4. Der Tischler hobelt glatt den Tisch.

C. *Answers will vary.*

D. *Answers will vary.*

E. *Answers will vary.*

WIEDERHOLUNG 1

Videothek

1. nein 2. ja 3. nein 4. ja 5. ja 6. nein 7. ja 8. ja 9. nein

Vokabeln

A. 1. die Küche: (1) Herd, (2) Esstisch, (3) Stühle, (4) Mikrowelle 2. das Wohnzimmer: (1) Sofa, (2) Sofatisch, (3) Fernseher, (4) Zimmerpflanzen, (5) Stereoanlage 3. das Schlafzimmer: (1) Bett, (2) Nachttisch, (3) Klavier, (4) Telefon

B. *Answers may vary.* 1. Guten Morgen. 2. Guten Tag. 3. Hallo. 4. Auf Wiedersehen. 5. Tschüss.

C. 1. Er ist froh. Sie ist traurig. 2. Sie ist gesund. Er ist krank. 3. Sie ist groß. Er ist klein. 4. Er ist jung. Sie ist alt.

D. 1. Sie arbeitet viel. 2. Er sieht gern fern. 3. Sie geht gern ins Theater. 4. Marion hört Popmusik. 5. Lars spielt gern Fußball. 6. Heinz trinkt gern Kaffee.

Strukturen

C. 1. Um halb zwölf. / Um elf Uhr dreißig. 2. Um zehn (Minuten) nach elf. / Um elf Uhr zehn. 3. Um neun (Minuten) vor elf. / Um zehn Uhr einundfünfzig. 4. Um sieben Uhr zwölf. / Um zwölf (Minuten) nach sieben.

D. 1. Alban braucht eine Lampe. Thomas hat eine Lampe! Sie ist alt. 2. Thomas braucht ein Klavier. Paulin hat ein Klavier! Es ist laut. 3. Paulin braucht einen Spiegel. Ali hat einen Spiegel! Er ist groß. 4. Ali braucht Bücher. Daniela hat Bücher! Sie sind interessant.

KAPITEL 4: DER UMZUG NACH KÖLN

Videothek

A.

2

4

1

6

3

5

B. *In the kitchen: circled:* refrigerator, stove, dining table. *In the bathroom: circled:* toilet, bathtub, mirror, sink. *In the bedroom: circled:* bed, chair, night table.

C. *The fourth room should be labeled* Wohnzimmer; *a couch and a piano should be drawn in.*

Vokabeln

A. 1. b 2. d 3. f 4. a 5. e 6. g

B. 1. ja 2. ja 3. nein 4. nein 5. ja 6. nein

C. *Answers may vary.* 1. Daniela: Da ist es schön ruhig. 2. Lorenz: Die Wohnung ist in der Nähe von meiner Schule. 3. Henna: Da bin ich nie allein. Ich mag meine Nachbarn. 4. Michael: Da ist es billiger als in der Stadt.

D.

DHH	Doppelhaushälfte, 3
Wfl./Wohnfl.	Wohnfläche, 3, 4
EFH	Einfamilienhaus, 4
NBGebäude	Neubaugebäude, 3
gr.	groß, 3
Zi.	Zimmer, 1, 2, 3, 5
Lux.	Luxus, 2
Altbauwhg.	Altbauwohnung, 1
Mü.-Zentrum	München-Zentrum, 2

E. 1. 4 2. 1 3. 3

F. 1. der Strand 2. die Post 3. der Supermarkt 4. der Berg 5. das Kino 6. das Restaurant

G. 1. a 2. b 3. a

H. *Answers will vary.*

Strukturen

A. wen?: 7; was?: 2; wann?: 9; wie?: 1, 3; warum?: 5; wo?: 4; wie viel?: 6, 8

B. 1. nein 3. ja 2. nein 4. nein 5. nein 6. ja

C.

Wer?	Wann?	Was?
Lars	18. Februar	Tennis spielen
Frau Koslowski	27. Januar	einen Brief schreiben
Ihre Schwester Mimi	6. April	zu Besuch kommen
Herr Koslowski	30. März	Auto fahren
Er [Herr Koslowski]	5. Juli	einen Freund anrufen
Herr und Frau Koslowski	12. August	ein Glas Wein trinken

E. Wie heißt du? Wo wohnst du? Was/Wie ist deine Adresse? Wie findest du München? Was gibt es in München?

F. 1. Trinkt Astrid gerne Tee mit Milch? 2. Schreibt Astrid E-Mails oder Briefe? 3. Ruft Astrid ihren Freund Markus an? 4. Gehen Astrid und Markus im Park spazieren?

G. *Answers will vary.*

H. *Answers will vary.*

Aussprache

A. Satzbeispiele. 1. Das H̲aus ist teuer. 2. Die H̲äuser sind neu. 3. Die Studenten aus Bayern sind nicht faul, sie sind fleißig.

B. Satzbeispiele. 1. Frau Wagner wohnt in Weimar. 2. Der Vater besucht den Vetter. 3. Jürgen hat eine Schwester. Sie ist jung. 4. Im November kommt der Schnee und das kalte Wetter.

Einblicke

A. 1. ja 2. ja 3. nein 4. ja 5. nein

B. 1. Amtsgasse 11 2. 1544 Franken 3. In Industrie (Limmatstr. 184) 4. 1 1/2 5. 39 m2

C. 1. Gattikerstr. 5 2. Limmatstr. 184 3. Grünauring 15 4. Schleuchzerstr. 85

Perspektiven

A. WO: K(arola): Norden von Berlin; D(irk): Prenzlauer Berg; H(elga): Zentrum von Berlin

WAS FÜR EIN HAUS: H: Hochhaus; K: Reihenhaus; D: Mietshaus

WER HAT WAS: D: Hochbett; K: Balkon; H: Nilpferd

B. Arbeitszimmer: Helga, Karola; Balkon: Karola; Kinderzimmer: Karola; Küche: Helga; Schlafzimmer: Dirk, Helga; Wohnzimmer: Helga, Karola

C. 1. a 2. a 3. b 4. b 5. a

D. 1. nein 2. ja 3. ja 4. nein 5. ja 6. nein 7. nein 8. ja 9. nein 10. ja

E. *Answers will vary.*

KAPITEL 5: DAS KARNEVALSFEST

Videothek

A. 1. Wiener Festwochen 2. Erntedankfest 3. Wiener Festwochen 4. Erntedankfest 5. Oktoberfest 6. Erntedankfest 7. Wiener Festwochen 8. Erntedankfest

B. 1. c. dritten 2. a. zwanzig Sonnenschirme 3. a. Rosenmontag 4. b. Dienstag

Vokabeln

A. 1. Januar 2. März 3. November 4. April 5. Dezember 6. Mai 7. August 8. Oktober 9. September 10. Juli

B. *Answers may vary.* 1. a, b, g 2. e 3. b, f 4. h 5. d 6. c, h 7. b

C. 1. ja 2. ja 3. ja 4. nein 5. nein 6. nein

D. 1. Herbst: September, Oktober, November 2. Sommer: Juni, Juli, August 3. Winter: Dezember, Januar, Februar 4. Frühling: März, April, Mai

E. *Answers may vary.* 1. In London regnet es. Die Temperatur beträgt 10 Grad Celsius. Es ist wolkig und neblig. 2. In Lissabon scheint die Sonne. Die Temperatur beträgt 32 Grad Celsius. Es ist heiß. 3. In Helsinki schneit es. Die Temperatur beträgt minus 5 Grad Celsius. Es ist wolkig und windig. 4. In Galway regnet es. Die Temperatur beträgt 18 Grad Celsius. Es ist windig. Es blitzt und donnert.

F. *Answers will vary.*

G. 1. Geburtstag 2. Silvester 3. Karneval 4. Valentinstag 5. Muttertag

Strukturen

A. 1. ich / sie 2. ich / ihn 3. ich / dich 4. sie / es 5. ich / es 6. wir / uns

E. ihn; sie; sie; es; dich

F. 1. durch 2. um . . . herum, durch 3. ohne 4. gegen 5. für

G. *Answers will vary.*

H. *Answers may vary.* 1. schöne 2. laute 3. lustige 4. tolle 5. Freundliche, möbliertes

Einblicke

A. 1. 1719: Jahr 2. 1806: Jahr 3. 1998: Jahr 4. 10.45: Uhrzeit 5. 11.20: Uhrzeit 6. 21.15: Uhrzeit

B. *Answers will vary.*

C. 1. der Fürst Hans-Adam von und zu Liechtenstein 2. am Schloss Vaduz 3. um 14.00 Uhr 4. um 22.00 Uhr 5. im Vaduzer Saal

Perspektiven

A. 1. September 2. Oktoberfest 3. Wurstmarkt 4. 100 5. 500 6. Mann 7. gehen 8. fahren 9. Wetter 10. Tag

B. 1. c 2. e 3. d 4. f 5. b 6. h 7. a 8. g

C. *Answers will vary.*

D. *Answers will vary.*

E. *Answers will vary.*

Videothek

A. 1. V 2. M 3. R 4. T 5. V 6. H 7. T 8. V

B. a. 6 b. 2 c. 7 d. 5 e. 3 f. 1 g. 4

C. 1. nein 2. nein 3. ja

Vokabeln

A. *Herr Hübler:* das Fieber, der Hals, der Husten, der Kopf, die Erkältung; *Frau Christensen:* der Bauch, der Rücken, die Schulter

B. 1. Schultern 2. Körper 3. Kopf 4. Arme, Hände 5. Beine, Rücken

C. *Answers will vary. Possible answers include:* Fritz hat zwei Köpfe. Fritz hat lange dunkle Haare. Fritz hat lange Arme. Fritz hat drei Arme. Er hat kurze Beine. Er hat riesengroße Ohren.

D. 1. b. dem Thermometer 2. a. Der Arzt 3. b. Die Krankenpflegerin 4. b. Der Krankenpfleger 5. a. Die Ärztin

E. 1. und 2. aber 3. Wann 4. Wenn 5. Wann 6. Wenn

F. *Answers will vary.*

Strukturen

A. 1. müssen 2. können 3. dürfen 4. wollen 5. sollen 6. können

C. 1. soll 2. können 3. muss 4. dürfen 5. sollen 6. können 7. kann

E. 1. Hier darf man nicht schnell fahren. 2. Hier darf man nicht spielen. 3. Hier darf man nicht parken. 4. Hier darf man nicht schwimmen.

F. *Answers will vary.*

G. 1. Heinz muss jeden Tag eine Stunde laufen. 2. Monika darf nicht rauchen. 3. Kurt und Angelika sollen viel schlafen. 4. Wir sollen viel Obst und Gemüse essen. 5. Ihr müsst viel Wasser trinken. 6. Ich will mehr zu Fuß gehen. 7. Du kannst jeden Tag einen Kilometer Fahrrad fahren.

H. 1. Die Ärztin muss die Patienten untersuchen. 2. Die Patientin soll den Mund aufmachen. 3. Die Krankenpfleger können den Patienten Spritzen geben. 4. Du musst dir die Nase putzen. 5. Wir dürfen im Krankenwagen mitfahren. 6. Ihr wollt wieder nach Hause gehen.

I. *Answers will vary.*

Einblicke

A. 1. Name 2. Vorname 3. Geburtsdatum und -ort 4a. Ausstellungsdatum der Karte 4c. Name der Ausstellungsbehörde 5. Nummer des Führerscheins 6. Lichtbild des Inhabers 7. Unterschrift des Inhabers 9. Klassen, für die die Fahrerlaubnis gültig ist

B. *Answers will vary.*

C. 1. ja 2. nein 3. ja 4. ja 5. nein 6. nein 7. nein

Perspektiven

A. 1. vierten 2. gegen 3. -straße 4. roten 5. Fahrer 6. konnte 7. leichten 8. jungen 9. Arm 10. muss

C. 1. c 2. b 3. b 4. a 5. a 6. c 7. b

D. Strophe I: Zusammenfassung b, Bild 2; Strophe II: Zusammenfassung c, Bild 1; Strophe III: Zusammenfassung a, Bild 3

E. *Answers will vary.*

WIEDERHOLUNG 2

Videothek

A. „Der Umzug nach Köln"—4, 5; „Das Karnevalsfest"—2, 6; „Der Unfall"—1, 3, 7

B. 1. nein 2. ja 3. ja 4. nein 5. nein 6. ja 7. nein

Vokabeln

B. 1. nein 2. nein 3. ja 4. nein 5. ja 6. nein

C. März: der Winter, der Frühling; Juni: der Frühling, der Sommer; September: der Sommer, der Herbst; Dezember: der Herbst, der Winter

D. *Answers may vary.* 1. der Herbst (der Frühling, der Winter) 2. der Sommer (der Frühling, der Herbst) 3. der Frühling (der Sommer, der Herbst) 4. der Winter (der Herbst, der Frühling)

E. 1. b. der Fuß 2. c. die Zähne

Strukturen

C. S (Frau Schwaabe): Itzehoe, Hannover, Oberhausen, Frankfurt, Mannheim, Stuttgart; F (Frau Fuchs): Itzehoe, Magdeburg, München; *Answers with student's initials will vary.*

KAPITEL 7: DER URLAUB

Videothek

A. 1. Wien 2. denke, denke 3. viel Spaß 4. Reise 5. Feste 6. Insel, Natur

B. Prag: 3, 6, 9; Dresden: 1, 4, 7; Berlin: 2, 5, 8, 10, 11

Vokabeln

B. 1. Schiff 2. Bus 3. Flugzeug 4. Motorrad 5. Zug 6. Fahrrad

D. 1. der Anorak 2. der Rock 3. die Krawatte 4. die Hose 5. das Hemd

E. 1. Sandalen 2. Stiefel 3. Sportschuhe

F. 1. e *or* f 2. c *or* d 3. a 4. c *or* d 5. e *or* f 6. b

G. 1. einen Rucksack 2. dauert 3. anrufen 4. fliegt 5. bei der Gepäckaufbewahrung

H. 1. aufstehen 2. anziehen 3. einpacken 4. einsteigen 5. umsteigen 6. aussteigen 7. zurückkommen

I. *Answers will vary.*

Strukturen

A. Patient: 1, 4, 5, 6; Patientin: 2, 3, 4

B. 1. Packen 2. kommen 3. vorbei 4. laden 5. ein 6. Steigen 7. aus 8. gehen 9. Buchen 10. zahlen 11. Rufen 12. an 13. schreiben

E. Herr und Frau Badano: 1. Stehen Sie früh auf! 2. Nehmen Sie Stiefel mit! 3. Packen Sie einen Pullover ein! 4. Fahren Sie mit dem Zug! 5. Lesen Sie den Katalog! 6. Essen Sie nicht so viel! Michael: 1. Steh früh auf! 2. Nimm Stiefel mit! 3. Pack einen Pullover ein! 4. Fahr mit dem Zug! 5. Lies den Katalog! 6. Iss nicht so viel! Sabine und Peter: 1. Steht früh auf! 2. Nehmt Stiefel mit! 3. Packt einen Pullover ein! 4. Fahrt mit dem Zug! 5. Lest den Katalog! 6. Esst nicht so viel!

F. 1. Buch den Flug! 2. Kauf eine Badehose! 3. Nimm Unterwäsche mit! 4. Passen Sie doch auf! 5. Spielt keine Computerspiele im Zug!

G. *Answers will vary.*

Einblicke

A.

	1. Appenzell: Das Appenzeller Gesundheitsangebot	2. Das Glarnerland	3. Sankt Gallen: Sankt Gallen à la carte
wie viele Tage?	[5]	3	3
wie viele Übernachtungen?	4	[2]	2
Halbpension oder Frühstück?	Halbpension	Halbpension	Frühstück
Preis	ab Fr. 500,-	Fr. 99,99 bis 159,-	ab Fr. 165,-

Wo gibt es das?	1. Im Appenzeller Gesundheitsangebot	2. Im Glarnerland	3. In Sankt Gallen à la carte
Massage	X		
Radfahren		X	
Stiftsbibliothek			X
Solarium	X		
Minigolf			X
Appenzeller Käse			X
Molkenkur	X		

C. 1. b. die Liechtensteinischen Gitarrentage 2. c. Gitarrenmusik 3. a. das Internationale Musik-Festival Vaduz 4. c. Rock, Pop und Dixie 5. a. in der fürstlichen Residenz 6. b. Filme aus ganz Europa

Perspektiven

A. 1. mitkommt 2. gefragt 3. brauchen 4. bringen 5. Fahrrad 6. mieten 7. Taschen 8. Sommer 9. Socken 10. Wetter 11. dürfen 12. können 13. teuer 14. Strand 15. Kleidung

B. 95 Golfplätze; 5 Nationalparks; 69 Naturschutzparks und Naturschutzgebiete; 4.840 Tennisplätze; 38 Wildparks

C. Wassersport: 1. 17 Tauchschulen 2. 33 Wasserskischulen 3. 60 Segelschulen 4. 100 Windsurf-schulen 5. 600 Orte mit Fischereimöglichkeiten 6. 900 Hallenbäder 7. 1.250 Frei- und Strandbäder Wintersport: 1. 36 Kunsteisbahnen 2. 500 Naturrodelbahnen 3. 528 Skischulen 4. 16.000 km Langlaufloipen 5. 22.000 km Skipisten und Tourenabfahrten

D. 1. Skipisten 2. Langlaufloipen 3. Skischulen 4. Angebote 5. Naturrodelbahnen 6. Wildparks

E. *Answers will vary.*

F. *Answers will vary.*

KAPITEL 8: AUF DER INSEL RÜGEN

Videothek

A. 1. V 2. M 3. P 4. M 5. V 6. V

B. die Romantik, der Expressionismus, die Renaissance

C. Spaß haben, wandern, Fahrrad fahren, schwimmen, angeln, segeln

Vokabeln

C. Das will er: das Einzelzimmer, das Bad, der erste Stock; Das nimmt er: das Doppelzimmer, die Dusche, der erste Stock

D. a. 3 b. 2 c. 1 d. 4

E. *Answers may vary.* 1. Herr Mayer: ein Hotel 2. Nina und Stefan: ein Zelt 3. Frau Schulze: eine Pension 4. Tom und Lisa: eine Jugendherberge 5. Peter: ein Bauernhof

F. *Answers may vary.* Das kann man im Urlaub machen: Tischtennis spielen, reiten, Billard spielen; Das macht man normalerweise nicht im Urlaub: lernen, studieren, Hausaufgaben machen

G. *Answers will vary.*

H. *Answers will vary.*

I. *Answers will vary.*

Strukturen

A. 1. einen interessanten Aufenthalt haben 2. in einer Pension wohnen 3. Ein Zimmer im zweiten Stock haben 4. am See angeln 5. Golf spielen 6. Kunstwerke betrachten 7. eine Burg besichtigen

D. 1. waren 2. hatten 3. war 4. war 5. Wusstet 6. wussten 7. waren 8. hatten

E. 1. Wusstest, wusste 2. wusstet, wussten 3. Wusste, wussten

F. 1. Gestern habe ich (keine) Freunde besucht. 2. Gestern habe ich (nicht) in der Bibliothek gearbeitet. 3. Gestern habe ich (keine) klassische Musik gehört. 4. Gestern habe ich (nicht) an Freunde geschrieben. 5. Gestern habe ich (nicht) lange geschlafen. 6. Gestern habe ich (nicht) mit der Familie gegessen.

G. 1. Ich war in Augsburg und hatte einen Autounfall. 2. Du warst bei deinen Eltern und hattest Halsschmerzen. 3. Gabi war im Bett und hatte eine Erkältung. 4. Wir waren zu Hause und hatten viele Hausaufgaben. 5. Ihr wart im Urlaub und hattet viel Spaß. 6. Herr und Frau Braun waren auf Kur und hatten keine Zeit.

H. besichtigt, besucht, betrachtet, erlebt, gemacht, gespielt, gewohnt

I. 1. besucht 2. gewohnt 3. erlebt 4. betrachtet 5. besichtigt 6. gemacht 7. gespielt

J. 1. Ich habe an der Universität Englisch gelernt. 2. Du hast in einem kleinen Restaurant gearbeitet. 3. Wir haben viele nette Leute gekannt. 4. Ihr habt das Zelt auf den Campingplatz gebracht.

Einblicke

A. Putbus, Göhren, Binz, Sellin, Baabe

B. Binz: Kinderliedtheater, Silberbergmusikanten; Sellin: Volkschor, Heimatfreunde Gingst; Baabe: Modenschau in historischer Kleidung, Dixielandkonzert; Göhren: Tanzgruppe „De Plattföt", Mönchguter Trachtengruppe, Plattdeutsch snakende Gruppe

C. 1. 21,50 DM 2. 24,00 DM 3. 120,00 DM 4. 24,00 DM 5. 18,00 DM

Perspektiven

A. 1. Urlaub 2. wandere 3. Deutschland 4. heiß 5. Musik 6. liebsten 7. ausgehen 8. Einkaufen 9. Stadt 10. fahre 11. Essen 12. Feste

C. 1. e 2. j 3. a 4. h 5. b 6. g 7. i 8. c 9. f 10. d

D. 1. b 2. a, c 3. b 4. a, b

E. *Answers will vary.*

F. *Answers will vary.*

KAPITEL 9: ABENTEUER UND LIEBE

Videothek

A. 1. c. Michael 2. b. segeln 3. b. Es gibt keinen Wind. 4. a. Herr Klier und Michaels Vater

B. 1. d 2. c 3. e 4. a 5. f 6. b

Vokabeln

A. 1. Italien 2. Österreich 3. Norwegen 4. England 5. Griechenland

C. 1. c 2. a 3. e 4. f 5. b 6. d

D. 1. Island 2. Irland 3. England 4. Spanien

E. *Answers will vary. They should include six of the following:* Belgien, Dänemark, Frankreich, Luxemburg, Niederlande, Österreich, Polen, Schweiz, Tschechien

F. 1. das Feld *oder* die Wiese; der Wald 2. der Berg; das Tal 3. das Gebirge; das Meer

G. *Answers will vary.*

H. *Answers will vary.*

Strukturen

A. 1. gereist: sein 2. gefahren: sein 3. gesehen: haben 4. aufgestanden: sein 5. geblieben: sein 6. geschrieben: haben

C. Herr Braun: ich habe viele Bücher gelesen, ich bin durch den Wald gelaufen, ich habe österreichische Spezialitäten gegessen; Daniela: ich habe gezeltet, wir haben viel unternommen, wir haben Tennis gespielt; Ali: ich habe Burgen und Schlösser gesehen, ich bin oft Fahrrad gefahren, ich bin in der gemütlichen Pension geblieben

E. 1. sind 2. gefahren 3. wollte 4. mussten 5. konnten 6. haben 7. gefunden 8. musste 9. wollte 10. ist 11. gelaufen 12. hat 13. gesehen 14. haben 15. gegessen 16. gelesen 17. sind 18. gegangen 19. durften 20. wollten

F. 1. ist 2. aufgestanden 3. hat 4. gelesen 5. hat 6. angerufen 7. hat 8. geschrieben 9. ist 10. gekommen 11. ist 12. gelaufen 13. hat 14. gesehen 15. ist 16. gefahren

G. 1. Ich musste früh aufstehen. 2. Herr und Frau Pfleger mussten viel Obst und Gemüse essen. 3. Wir konnten nicht lesen. 4. Ihr wolltet abends nicht schlafen.

H. *Answers will vary.*

I. 1. Am Dienstag hat Marco seine Freunde zum Open-Air-Fantasy-Musical eingeladen. 2. Am Mittwoch hat Marco lange geschlafen. 3. Abends ist er in die Oper gegangen. Er hat „Aida" gesehen. 4. Marcos Eltern sind auch mitgekommen. 5. Die Eltern haben „Aida" toll gefunden. 6. Sie haben Marco eine Karte für das Boléro-Maazel-Beethoven-Fest gegeben. 7. Aber am Donnerstag ist Marco krank geworden und (ist) zu Hause geblieben.

Aussprache

B. 1. heißen 2. Rose 3. Katze 4. müssen 5. Rasen

Einblicke

A. 1. das Land Mecklenburg-Vorpommern 2. aufregend 3. lassen alles auf dem Meeresboden 4. 17. 5. Kriegsschiff 6. Dänemark 7. dänisches

B. 1. 200 2. 1563, 1570 3. 3 4. 1565, 50, 9

C. *Answers may vary in format.* 1. vom 5. bis zum 7. Juni 1998 2. am 5. September 1998 3. vom 7. bis zum 11. September 1998 4. am 3. Mai 1998 5. a. ja b. nein c. ja d. ja e. ja f. nein g. nein h. ja

Perspektiven

A. 1. Schloss 2. zehn 3. Baseball 4. Woche 5. Kinder 6. Tischtennis 7. Dusche 8. können 9. kann 10. Saunas 11. Natur 12. Abende

C. a. 2 b. 3 c. 4 d. 6 e. 5 f. 7 g. 9 h. 8 i. 1

D. 1. b 2. b 3. b 4. b 5. a 6. a 7. a 8. b 9. a

E. 1. der Schiffsrest: das Schiff + der Rest 2. das Seegefecht: die See + das Gefecht (= militärischer Kampf) 3. die Kanonenkugel: die Kanone + die Kugel 4. der Salzgehalt: das Salz + der Gehalt (= es enthält) 5. der Bohrwurm: bohren (ein Loch machen) + der Wurm 6. der Kriegstag: der Krieg + der Tag 7. der Schiffstresor: das Schiff + der Tresor 8. das Denkmalschutzgesetz: das Denkmal + der Schutz + das Gesetz

F. *Answers will vary.*

WIEDERHOLUNG 3

Videothek

A. 1. Marion 2. Lars 3. Vera 4. Marion 5. Heinz 6. Heinz

B. 1. Guten Tag 2. Zimmer 3. zehn 4. gefällt 5. Schwimmen 6. Wandern 7. die Insel

Vokabeln

A. im See schwimmen, am Strand in der Sonne liegen, alte Burgen besichtigen, mit dem Fahrrad ins Gebirge fahren, in die Sauna gehen

D. *Answers will vary. Need to include five of the following:* die Bahn, der Zug, der Bus, das Motorrad, das Fahrrad, das Flugzeug, das Schiff

E. *Answers may vary.* 1. a. die Badehose b. der Badeanzug 2. a. der Anzug b. das Kostüm 3. a. die Socken b. die Schuhe

F. 1. anprobieren 2. aufpassen 3. buchen

Strukturen

A. 1. hat, geschlafen 2. ist, aufgestanden 3. hat, vergessen 4. ist, gelaufen

C. 1. Esst Nürnberger Lebkuchen! 2. Besichtigen Sie die Sebaldus-Kirche! 3. Lad(e) deine Freundin ein!

D. Liebe Saskia, es war so schön in Nürnberg. Schade, dass du nicht hier warst. Ich hatte ein Einzelzimmer in einem kleinen Hotel. Das Hotel war mitten im Zentrum, und ich konnte zu allen Sehenswürdigkeiten laufen. Ich wollte die Nürnberger Burg besichtigen, und ich musste unbedingt das Albrecht-Dürer Haus sehen. Wusstest du, dass Albrecht Dürer Maler <u>war</u> und er ein Haus hier in Nürnberg <u>hatte</u>? Abends <u>sollte</u> ich Freunde von mir besuchen. Sie <u>hatten</u> Karten für ein Konzert, und ich <u>durfte</u> mitkommen. Danach <u>konnten</u> wir noch einen Kaffee trinken. Aber ich <u>war</u> sehr einsam ohne dich. Liebe Grüße, dein Walter

K A P I T E L   1 0 :   D I E   W E S P E

Videothek

A. 1. nein 2. ja 3. nein 4. nein

B. a. 4 b. 2 c. 1 d. 3

C. 1. eine Frechheit 2. Silke 3. Zwölf 4. sehr fair

Vokabeln

A. Hausaufgaben machen, Schulbus fahren, schlafen, pauken, fernsehen, mit einer Freundin telefonieren

B. das Klassenzimmer, die Cafeteria, die Bibliothek, der Sportplatz

D. 1. ja 2. nein 3. nein 4. ja

E. *Answers may vary.* 1. lernen 2. isst 3. lesen 4. plaudert 5. Labor

F. 1. a 2. b 3. a 4. a 5. b

G. 1. Die Note war ungerecht. 2. Wir diskutieren ein Problem. 3. Die Hausaufgaben waren schwer. 4. Ich habe die Klausur bestanden. 5. Die Idee ist echt klasse. 6. Jan ärgert gerne die Mitschülerinnen.

H. 1. Bus 2. reden über 3. läutet 4. Unterricht 5. Pause 6. Cafeteria 7. Pausenbrot 8. Schulhof

I. *Answers will vary.*

Strukturen

A. Akkusativ: 3, 5; Dativ: 1, 2, 4, 6, 7

D. 1. Ihnen 2. ihr 3. ihnen 4. uns 5. euch 6. mir 7. dir 8. ihm

E. *Answers may vary.* 1. Ja, ich schicke ihm eine Karte zum Geburtstag. 2. Ja, ich bringe euch Geschenke aus Irland mit. 3. Ja, ich helfe ihnen bei der Hausarbeit.

F. 1. Was schenkt Alban dem Onkel? Er schenkt ihm einen CD-Spieler. 2. Was schenkt Thomas der Großmutter? Er schenkt ihr Blumen. 3. Was schenkt Andy der Tante? Er schenkt ihr einen Pullover. 4. Was schenkt Brigitte den Eltern? Sie schenkt ihnen eine Lampe. 5. Was schenkt Karl den Nachbarn? Er schenkt ihnen eine Standuhr. 6. Was schenkt Sabine Herrn Wiedemann? Sie schenkt ihm einen Fußball.

Aussprache

A. Satzbeispiele. 1. Wir müssen heute Gem(ü)se und K(ä)se kaufen. 2. Mäntel, Röcke und H(ü)te gibt es in zwölf Gr(ö)ßen. 3. Die Mützen geh(ö)ren den V(ä)tern und ihren Br(ü)dern.

C. 1. kennen 2. Hölle 3. küssen 4. Mitte 5. Böll

D. Satzbeispiele. 1. Leider sind zu viele Zwiebeln in dieser Suppe. 2. Weiß Dieter, dass die Meiers nicht am Freitag, sondern am Dienstag heiraten? 3. Ich genieße dieses heiße Wetter mehr als den vielen Schnee.

Einblicke

A. Geburtstage: Segen oder Fluch: Text 2; Der Schulfeststress: Text 1.

B.

Aktivität	Wo	Wann
Waffelverkauf	im 1. Stock	
Theaterstück	A-33	13.00 Uhr
Mister und Miss Lothar Meyer Gymnasium	Sporthalle	14.00 Uhr
Bratwurst bei Musik	Schulhof	
Geisterhaus	Kunstraum	
Limbotanz	Cafeteria	15.00 Uhr

C. *Answers will vary.*

D. 1. ja 2. nein 3. nein 4. ja 5. ja 6. nein 7. nein

E. *Answers will vary.*

Perspektiven

A. 1. Schule 2. Hausaufgaben 3. hatte 4. mussten 5. Tafel 6. Notizen 7. war 8. Pause

C. 1. b 2. e 3. g 4. f 5. a 6. c 7. d

D. *Answers may vary. Possible answers:* 1. An diesem Tag sind Evas Fächer Mathe und Turnen (Sport). 2. Eva senkt den Kopf, greift nach ihrem Füller und schreibt. 3. Sie will nicht an die Tafel gehen. 4. Sie will nicht vor der Klasse stehen. Sie hat Angst. 5. Frau Madler unterrichtet Sport. 6. Sie will nicht nur da stehen und warten. 7. Eva kann nicht so gut Handball spielen.

E. *Answers will vary.*

F. *Answers will vary.*

G. *Answers will vary.*

KAPITEL 11: EIN LIEBESDRAMA

Videothek

A. a. 3 b. 5 c. 1 d. 4 e. 2 f. 6

B. 1. Rügen 2. Abenteuer 3. Boot 4. Fahrrad 5. Michael 6. lernen 7. Klausur

Vokabeln

A. 1. Karen: Französisch 2. Thomas: Biologie 3. Christa: Mathematik 4. Bodo: Geschichte

B. 1. der Kindergarten 2. die Berufsfachschule 3. die Fachhochschule 4. die Realschule 5. die Universität

E. 1. unterrichtet 2. lernt 3. lehrt 4. belegt 5. studiert

F. 1. Mathematik 2. Kunst 3. Informatik 4. Wirtschaft 5. Geschichte

G. *Answers will vary.*

H. *Answers will vary.*

Strukturen

A. a. 2 b. 1 c. 7 d. 4 e. 3 f. 6 g. 5

B. 1. c 2. h 3. g 4. e 5. b 6. f 7. a 8. d

E. 1. sitzen 2. stellt 3. legt 4. hängt 5. liegt 6. legt

F. 1. Ich kaufe Wasser und Saft im Supermarkt. 2. Der Supermarkt ist neben dem Bahnhof. 3. Wir gehen heute Nachmittag in den Park. 4. Wir fahren an den Strand. 5. Mein Auto steht auf der Straße.

G. *Answers may vary.* 1. Die Mutter steht neben dem Vater und hinter dem Sohn. 2. Die Tochter steht vor dem Vater und neben der Großmutter. 3. Die Großmutter sitzt zwischen der Tochter und dem Sohn und vor den Eltern. 4. Die Kuckucksuhr hängt hinter der Familie (hinter den Eltern) an der Wand. 5. Der Hund liegt vor der Familie.

Aussprache

B. 1. durch 2. Fichte 3. Löscher 4. keusch 5. Furche

Einblicke

A. Deutsch 2; Kunst 2 +; English 2; Spanisch 3 −; Russisch 3 +; Weltkunde 2 −; Mathe 2 −; Biologie 3 −; Sport 3

B. 1. ja 2. ja 3. nein 4. nein 5. nein 6. ja

Perspektiven

A. 1. Fächer 2. schreiben 3. Deutsch 4. Lieblingsfach 5. Geschichte 6. Grundschule 7. Uni
8. Informatik 9. Mathematik

B. *Answers will vary.*

C. *Answers will vary.*

D. 1. Strophe II 2. Strophe II (Strophen I und II) 3. Strophe I

E. *Answers may vary.* 1. nein 2. ja (Str. II, III) 3. nein 4. ja (Str. IV) 5. nein 6. ja (Str. V) 7. nein 8. ja (Str. V) 9. nein

F. *Answers will vary.*

G. *Answers will vary.*

KAPITEL 12: SILKE

Videothek

A. a. 3 b. 1 c. 5 d. 2 e. 4 f. 6

B. 1. Hallo 2. Michael 3. komisch 4. gesehen 5. Schlechte 6. Ruhe

Vokabeln

A. 1. nein 2. ja 3. ja 4. nein 5. ja 6. nein

B. 1. tötet 2. Prinz 3. Hexe 4. schläft 5. wacht auf 6. schwimmen 7. Urlaub

C. a. 4 b. 1 c. 2 d. 7 e. 5 f. 6 g. 8 h. 3 i. 9

E. Diele: Bilder, Spiegel; Küche: Herd, Geschirrspülmaschine, Mikrowelle; Schlafzimmer: Bett, Nachttisch, Kommode; Wohnzimmer: Fernseher, Schrank; Prinzessin-Zimmer: Zimmerpflanzen, Computer; Königin-Zimmer: Tisch, Stühle

G. 1. f 2. d 3. c 4. b 5. a 6. e

H. 1. erlöst 2. vergiftet 3. leben 4. den Drachen 5. Aschenputtel

I. *Answers may vary.* 1. Der König trägt einen Mantel und Stiefel. 2. Die Königin trägt ein Kleid und Schuhe. 3. Die Prinzessin trägt einen Rock, eine Bluse und einen Hut. 4. Der Prinz trägt eine Hose, ein Hemd und eine Jacke.

Strukturen

A. 1. ja 2. ja 3. nein 4. nein 5. nein 6. ja 7. nein 8. ja

D. 1. in 2. bei 3. Seit 4. aus 5. außer 6. von 7. nach 8. mit 9. zu 10. nach 11. zu

E. Frau Pfleger: 1, 3, 5, 6; Herr Braun: 2, 4; Frau Pfleger hat gewonnen.

F. 1. kennst 2. weiß 3. wisst 4. wissen 5. kannst 6. kenne 7. kann 8. Weißt

G. 1. nach 2. mit 3. seit 4. außer 4. mit 5. zum 6. bei 7. nach

H. 1. Weißt du, woher Kathleen kommt? 2. Weißt du, wie alt sie ist? 3. Weißt du, wann sie nach Deutschland gekommen ist? 4. Weißt du, wie lange sie in Deutschland bleibt? 5. Weißt du, ob sie gerne Bücher liest oder lieber Musik hört? 6. Weißt du, ob sie bei einer Gastfamilie wohnt?

I. 1. Kathleen kommt aus Cincinnati. 2. Sie wohnt bei ihrem Großonkel. 3. Kathleen trinkt gerne Tee mit Milch und Zucker. 4. Sie isst alles außer Fleisch. 5. Sie fährt morgen nach München.

Aussprache

F. 1. a 2. b 3. a

Einblicke

A. 1. b 2. c 3. a

B. 1. Kidnapping 2. Haus 3. klein 4. vier; Hund 5. Bremen 6. Seit 7. Wald 8. elf

C. *Answers will vary.*

Perspektiven

A. 1. Frau 2. lieben 3. Mädchen 4. Schuhe 5. schlafen 6. Haus 7. Bergen 8. Betten 9. König 10. Stiefmutter 11. verwünscht 12. hässlich 13. gewusst 14. Schwarz 15. Kinder

B. a. 3 b. 6 c. 10 d. 2 e. 5 f. 1 g. 7 h. 9 i. 8 j. 4

C. 1. f 2. c 3. g 4. a 5. e 6. b 7. d

D. *Answers will vary.*

Videothek

A. 1. eine Zeitung 2. Klein 3. Mathematik 4. traurig

B. a. 2 b. 4 c. 1 d. 5 e. 3 f. 6 g. 7

Vokabeln

A. 1. Gymnasium 2. Hausaufgaben 3. Klausur 4. Ausflug 5. Schüler 6. Demonstration 7. protestieren 8. Meinung

C. 1. d 2. c 3. a 4. b

D. *Answers will vary. Possible answers:* 1. Psychologie, Biologie, Chemie, Sozialkunde, Linguistik 2. Kunst, Mathematik, Technik, Maschinenbau 3. Literatur, Deutsch, Englisch, Geschichte, Wirtschaft

E. *Answers will vary.*

Strukturen

A. *Answers may vary.* 1. Der Sekretär sitzt auf dem Stuhl. 2. Der Spiegel hängt zwischen den Fenstern. 3. Das Bild steht auf dem Schreibtisch. 4. Die Bücher liegen auf dem Stuhl. 5. Die Uhr steht auf dem Tisch. 6. Die Blumen stehen vor dem Spiegel. 7. Der Brief liegt auf dem Tisch.

B. der Vater: das Hemd; die Mutter: das Bild; Herr Schiller: die Uhr; Frau Vulpius: der Schal; der Neffe: der Ball; die Freunde: die Bücher

D. *Answers will vary.*